# 한권으로 「아두이노 메이킹」 날로먹기

한권으로

# 아두이노 메이킹 날로먹기

2021년 1월 07일 1판 1쇄 발행

저　　자　김용환
발 행 자　정지숙
마 케 팅　박은수

발 행 처　(주)잇플ITPLE
주　　소　서울 동대문구 답십리로 264 성신빌딩 2층
전　　화　0502.600.4925
팩　　스　0502.600.4924
홈페이지　www.itpleinfo.com
이 메 일　itpleinfo@naver.com
카　　페　http://cafe.naver.com/arduinofun



ISBN 979-11-91198-03-4 13000

이 도서의 국립중앙도서관 출판예정도서목록(CIP)은 서지정보유통지원시스템 홈페이지(http://seoji.nl.go.kr)와 국가자료종합목록 구축시스템(http://kolis-net.nl.go.kr)에서 이용하실 수 있습니다.(CIP제어번호 : CIP2020054687)

# 한권으로 아두이노 메이킹 날로먹기

# 머리말

4차 산업 시대는 너무나 많은 아이디어와 발명품들이 있습니다.

그렇기에, 우리는 새로운 것을 발명하여 현재 사회의 문제점을 해결하는 것보다 이미 나와 있는 것들을 융합하여 문제점을 해결하는 것이 더욱 더 중요합니다.

4차 산업 시대에 맞춰 코딩과 융합하기 위하여 다양한 작품을 만들고 공부하기에 적합한 아두이노 보드를 사용하였습니다.

책의 시리즈를 따라 공부하신다면 아두이노에 대한 기초지식과 다른 센서, 부품들에 대해 기초적인 지식이 생기고 '나도 만들 수 있구나!' 라는 자신감이 생길 것입니다. 또한, 책을 공부하면서 자신만의 독특하고 창의적인 작품을 만들어 세상에 기여 하는 메이커(Maker)가 되었으면 좋겠습니다.

(주)잇플 ITPLE 정지숙 대표님께 감사드리고, 책을 쓰면서 많은 조언과 도움을 준 아내에게 감사드립니다.

Think outside the box

# table of contents

## Chapter 04 광섬유로 스파클링 분수 만들기



## Chapter 05 음주 측정기 만들기

## Chapter 06 스마트팜 만들기

ON
ON
ON
ON
3D

# Think outside the box

## Chapter 01
## 코딩의 첫걸음

1. 코딩은 왜 필요할까?
2. 안녕? 스크래치
3. 반가워! 아두이노
4. 어떻게 스크래치로 아두이노 코딩을 할 수 있을까?

## 01 코딩은 왜 필요할까?

가별이는 사회 시간에 우리 지역에 대해서 많은 것을 배웠습니다. 그러다가 우리 지역에 있는 도서관의 위치가 궁금했습니다. 학교가 끝나고 집에 돌아와 컴퓨터를 켰습니다. 그리고 인터넷에 들어가서 검색하니 우리 지역에 도서관이 3개가 있다는 것을 알았습니다. 또한, 집에서 가장 가까운 도서관이 어디에 있는지도 알았습니다. 가별이는 주말에 도서관에 가서 재미있는 소설을 읽을 생각을 하니 기분이 좋아졌습니다.

만약 컴퓨터가 없어진다면 어떻게 될까요? 우리가 흔히 볼 수 있는 스마트폰을 쓸 수 없습니다. 스마트폰 같은 기계는 컴퓨터로 만들어지기 때문이죠. 여러분이 좋아하는 유튜브도 볼 수 없고, 재미있는 게임도 할 수 없습니다. 그뿐만 아니라 엘리베이터나 자동문, 전기밥솥, 세탁기도 사용할 수 없습니다. 그리고 은행, 지하철, 공항도 마비될 것입니다.

컴퓨터는 우리 세상에 없어서는 안 될 소중한 물건입니다. 우리는 매일매일 컴퓨터를 사용합니다.

우리가 컴퓨터를 다양한 방법으로 사용할 수 있는 것은 바로 컴퓨터를 움직이게 하는 소프트웨어가 있기 때문입니다. 세상은 이제 소프트웨어가 없으면 돌아가지 않습니다.

소프트웨어를 만드는 것을 코딩이라고 합니다. 코딩은 컴퓨터에 어떤 일을 시키는 거죠. 코딩을 배우면 생각하는 능력을 키울 수 있습니다. 그리고 컴퓨터의 힘을 이용해서 멋지게 문제를 해결할 수 있습니다.

우리가 코딩하는 법을 배우면 우리를 불편하게 하는 많은 문제를 해결하고 세상을 더 멋지게 만들 수 있습니다.

그렇다면 코딩은 어떻게 하면 될까요?

## 02 안녕? 스크래치

미국에는 MIT라는 정말 유명한 대학교가 있습니다. 이 대학교의 미디어랩이라는 연구실에서 많은 사람들이 고민했습니다.

'어떻게 하면 사람들이 쉽게 코딩을 할 수 있을까?'

그렇게 많은 고민을 하면서 연구를 하고, 서로 힘을 합쳐 프로그램을 만들었습니다. 그게 바로 스크래치입니다.

컴퓨터에 시키는 일들을 레고 같은 블록으로 만들어 처음 배우는 사람도 쉽게 코딩을 배울 수 있도록 스크래치를 만들었습니다.

마치 레고 블록을 쌓듯이, 순서대로 명령어 블록을 잘 연결하면 컴퓨터에 일을 시킬 수 있습니다.

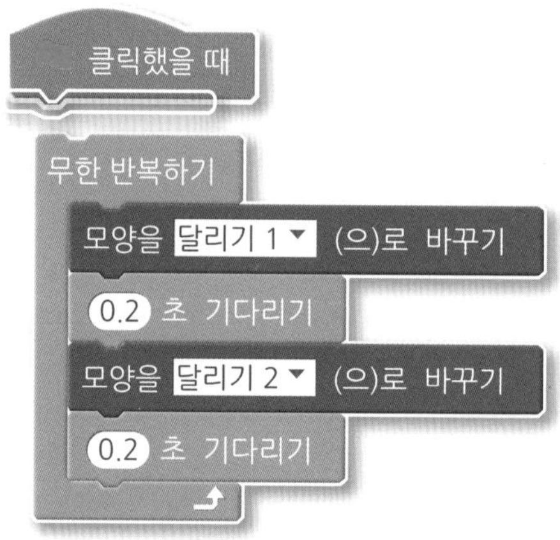

# 03 반가워! 아두이노

아두이노는 다양한 부품을 붙여서 멋진 물건을 만들 수 있는 작은 컴퓨터입니다.

아두이노는 마시모 반지(Massimo Banze)라는 대학교 교수님이 만들었습니다. 마시모 반지 교수님은 누구나 쉽게 전자 부품을 연결하여 작품을 만들 수 있는 컴퓨터를 만들고 싶었습니다. 그는 열심히 연구하여 아두이노를 발명했습니다. 그리고 어떻게 아두이노를 만들었는지 모두가 알 수 있도록 모든 정보를 공개했습니다.

또한, 아두이노를 코딩할 수 있는 프로그램인 스케치를 만들어서 무료로 사용하게 했습니다. 그래서 많은 사람들이 아두이노와 스케치 프로그램을 이용하여 멋진 작품을 만들 수 있게 되었습니다.

아두이노를 사용하면 정말 다양한 물건을 만들 수 있습니다. 인텔, 삼성 등 세계 유명한 기업에서도 아두이노를 쓰고 있습니다.

아두이노는 마법사와 같습니다. 아이디어만 있다면 정말 다양한 작품을 만들 수 있습니다. 아두이노로 만들 수 있는 것은 정말 많아서 다 말하기가 어려울 정도입니다. LED 전구를 이용하여 멋진 크리스마스 트리도 만들 수 있고, 멋진 피규어를 만드는 3D 프린터도 만들 수 있습니다.

여러분이 상상하는 것은 거의 다 만들 수 있습니다. 학교에서 발명품을 만드는 프로젝트를 할 수 있을 뿐만 아니라 멋진 사업 제품도 만들  수 있습니다.

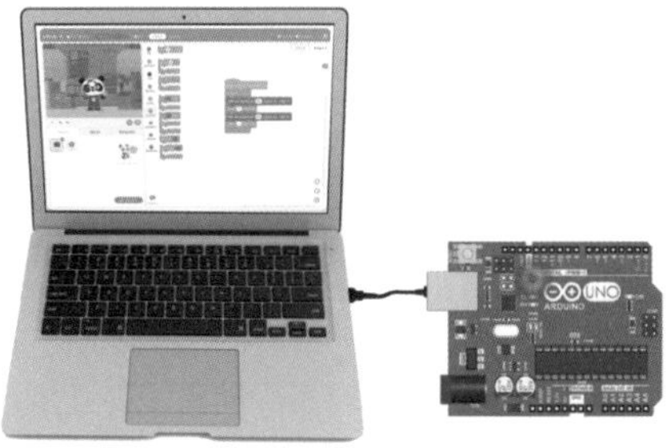

아두이노는 USB로 컴퓨터에 연결하여 사용합니다.

## 04 어떻게 스크래치로 아두이노 코딩을 할 수 있을까?

많은 사람들이 스크래치를 사용하다가 이런 생각을 하게 되었습니다.

'스크래치로 아두이노 프로그램을 만들면 어떨까? 그러면 많은 아이들이 아두이노를 손쉽게 사용할 수 있는데.'

원래 아두이노는 C언어와 C++언어를 바탕으로 만들어졌습니다. 스케치라는 프로그램으로 코딩하려면 영어를 써야 하고 프로그래밍 규칙도 배워야 합니다. 그래서 아이들이 스케치로 코딩하는 것을 어려워합니다.

그래서 많은 사람들이 서로 협력해서 스크래치로 아두이노에 명령을 내릴 수 있는 프로그램을 만들었습니다. 이것을 피지컬 컴퓨팅이라고 합니다. 즉 컴퓨터로 만든 프로그램으로 실제 세상에 있는 물건을 움직이는 것입니다.

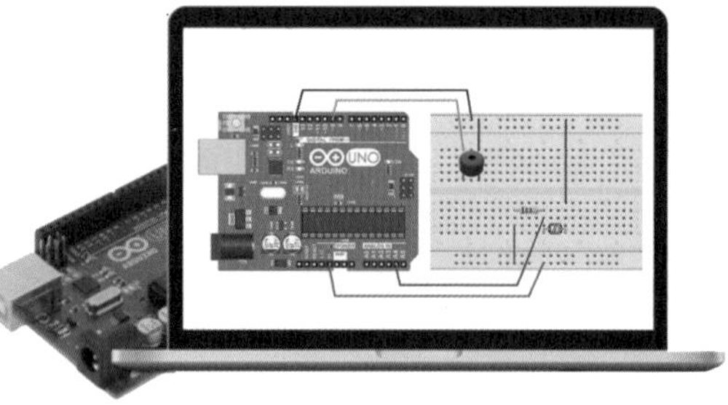

이렇게 두 기계가 서로 정보를 주고받는 것은 두 사람이 대화하는 것과 비슷합니다.

한국인과 중국인이 대화한다고 생각해 보겠습니다. 그런데 한국인은 한국어로, 중국인은 중국어로 서로 대화한다면 이해할 수 있을까요? 마찬가지로 컴퓨터와 컴퓨터, 장비와 장비 간에 서로 통신을 하려고 할 때 서로 이해할 수 없는 언어를 사용한다면 통신이 되지 않아서 정보를 주고받을 수 없습니다.

서로 통신을 하기 위해서 공통으로 이해할 수 있는 말이 필요합니다. 이것이 바로 프로토콜(Protocol)입니다. 프로토콜은 이렇게 기계 간에 통신이 잘 될 수 있도록 미리 약속을 정한 것입니다.

스크래치와 아두이노가 통신할 때 사용하는 말(프로토콜(Protocol))이 펌마타 펌웨어(Firmata firmware)입니다. 이 펌마타 펌웨어를 통해서 스크래치와 아두이노가 서로 정보를 주고받으면서 통신을 할 수 있습니다.

ON
ON
ON
ON
3D

# Think outside the box

## Chapter 02
## 처음 만나는 스크래치

1. mBlock 설치하기
2. 전체화면
3. 메뉴바
4. 스테이지 영역
5. 블록 영역
6. 작업 영역
7. 확장
8. 파이썬

# 01 mBlock5 실행하기

우리가 사용할 프로그램은 mBlock5입니다. 엠블록 5는 스크래치 3.0 기반으로 만들어져 스크래치와 매우 유사합니다. 이 프로그램을 쓰면 아주 간단하게 스크래치로 아두이노 코딩을 할 수 있습니다. mBlock5는 Python 언어를 지원합니다. 블록을 만들고 Python 모드로 전환 할 수 있으며 확장센터를 이용하여 인공 지능 (AI) 및 사물 인터넷(IoT)을 기능을 사용할 수 있습니다.

## ■ 크롬 브라우저에서 실행하기

mBlock5는 PC, Mac 또는 핸드폰 등에서 프로그램을 설치하지 않고 웹브라우저(구글 크롬브라우저)로 바로 실행하여 사용할 수 있으며 PC에 설치하여 사용하는 것도 가능합니다. mBlock5는 구글 크롬 브라우저에서만 동작하며 윈도우즈 익스플로러 등 기타 웹 브라우저에서는 동작하지 않습니다.

구글 크롬 브라우저를 실행하고 인터넷 주소창에 www.mblock.cc라고 쓰고 엠블록 사이트로 들어갑니다.

초기화면 창이 열리면 Block-based coding editor와 Python coding editor 를 선택 할 수 있는 화면이 나타납니다

Block-based coding editor는 블록으로 코딩을 할 수 있는 프로그램이고 Python coding editor는 파이썬으로 코딩을 할 수 있는 프로그램입니다.

Block-based coding editor를 선택하면 화면 아래의 선택창이 Code with blocks으로 바뀌고 Python coding editor를 선택하면 Code with Python으로 바뀝니다.

Block-based coding editor을 선택하여 Code with blocks을 실행합니다.

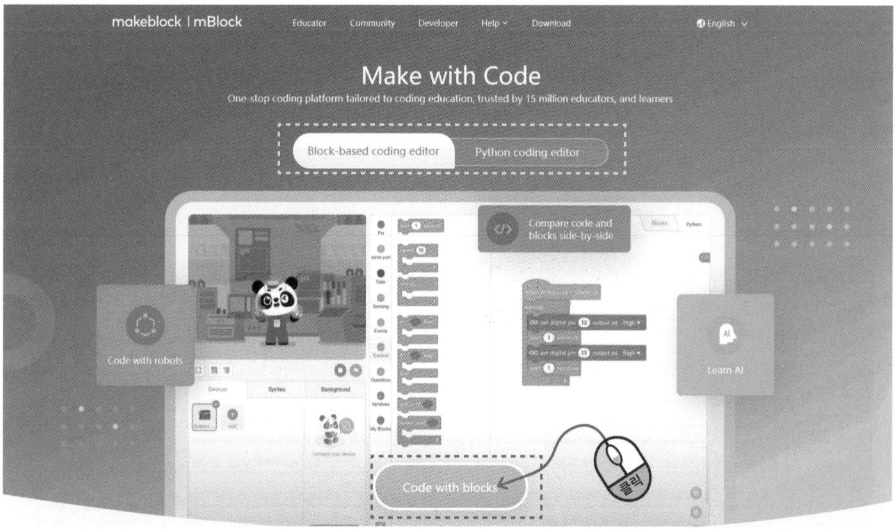


mBlock5가 실행됩니다.

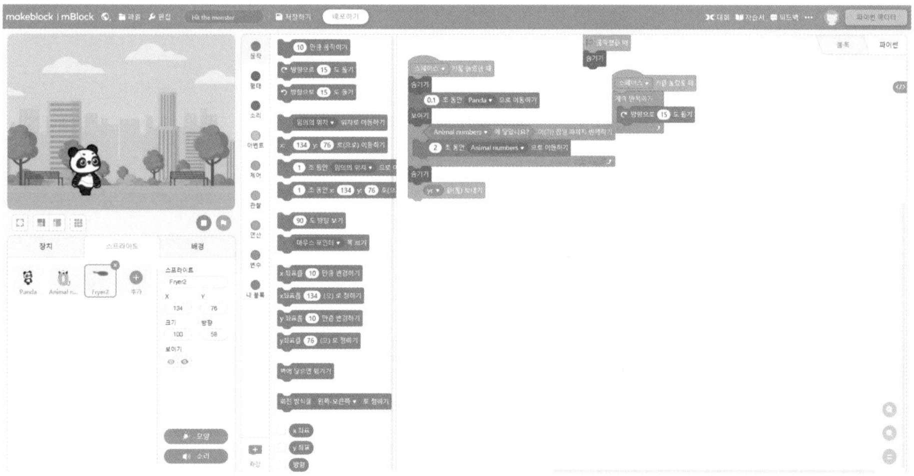

## ■ mLink2 설치하기

웹브라우저에서 장치를 사용하려면 mLink2를 설치하여 장치를 mBlock Web에 연결해야합니다. mBlock5를 처음실행하면 mLink2를 설치하라는 메시지가 나옵니다.

'다운로드로 이동'을 클릭합니다.

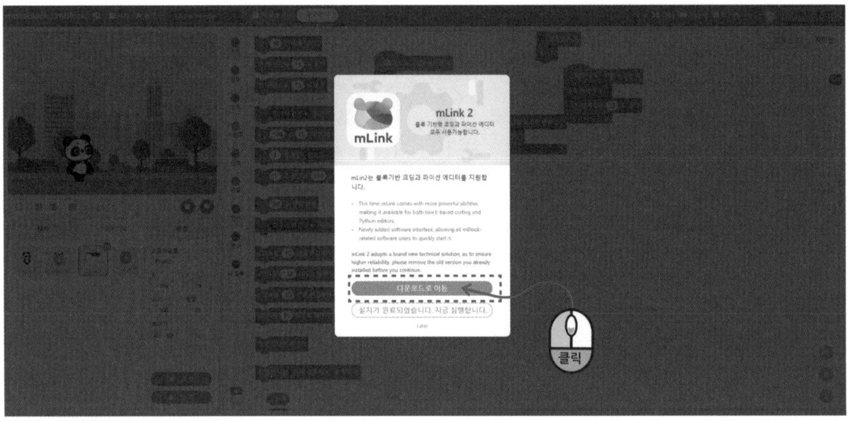


mLink2를 다운 받을 수 있는 창이 열립니다. 윈도우 메뉴를 선택하여 프로그램을 다운받습니다. 만약 컴퓨터가 Mac이라면 Mac버전의 설치파일을 선택하면 됩니다.

다운받은 설치 파일은 임의로 변경을 하지 않았다면 컴퓨터의 다운로드 폴더에 있습니다. 다운로드 홀더에 있는 실행파일을 더블 클릭하여 실행합니다.

'이 앱이 디바이스를 변경할 수 있도록 허용하시겠어요?' 라는 메시지가 나오고 '예'를 클릭하면 mLink2가 설치됩니다.

mLink2가 설치 되면서 CH341SER.INF를 설치할것인가를 물어보는 창이 열립니다. CH341SER.INF는 아두이노 보드가 인식되지 않을 때 보드를 인식하게 만드는 가장 많이 쓰이는 'CH341SER'보드 관련 드라이브입니다. 아두이노 보드가 인식되지 않는다면 INSTALL을 클릭하여 설치합니다.

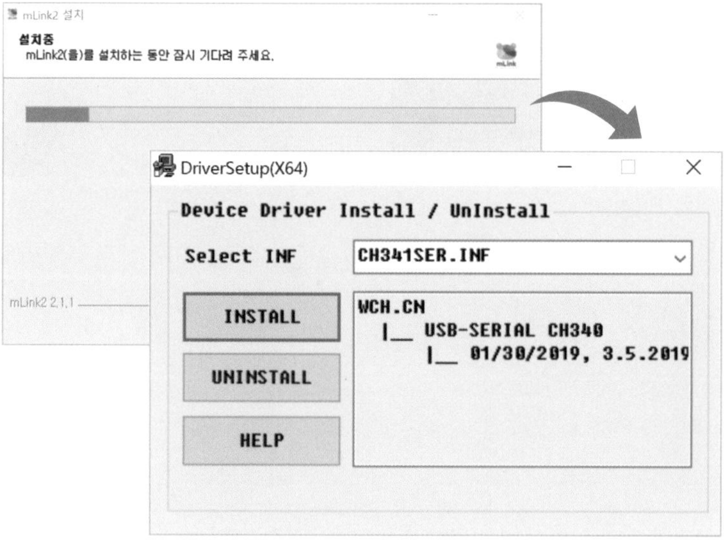

설치가 완료되면 드라이브가 설치되었다는 메시지가 나오고 확인을 클릭하면 mLink2 설치가 완료됩니다.

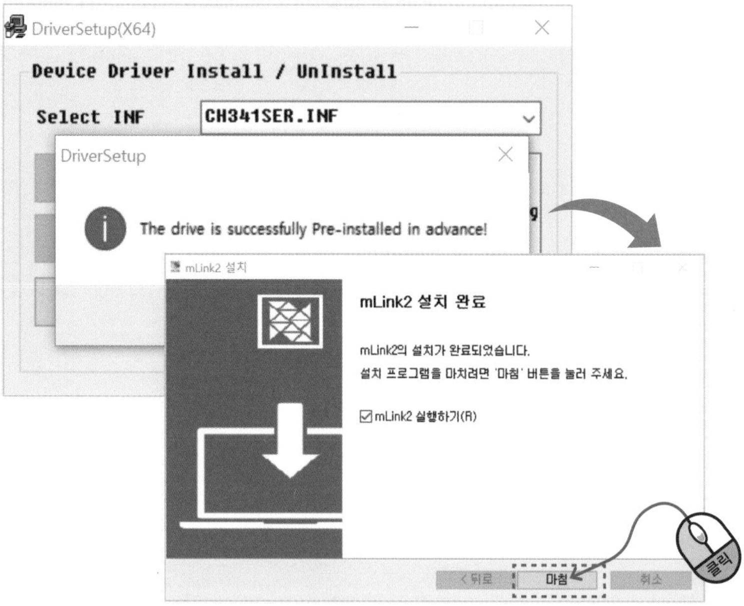

## ■ PC에 설치하여 실행하기

PC에 설치하여 사용하는 방법을 알아보겠습니다.

mBlock5의 설치는 mLink2의 설치와 유사합니다. 브라우저 실행때와 같은 방법으로 구글 크롬 브라우저를 실행합니다. 인터넷 주소창에 www.mblock.cc라고 쓰고 엔터키를 눌러 아래와 같은 사이트로 들어갑니다.

상단 메뉴의 Download 버튼을 클릭하면 mBlock5를 다운 받을수 있는 화면이 열립니다.

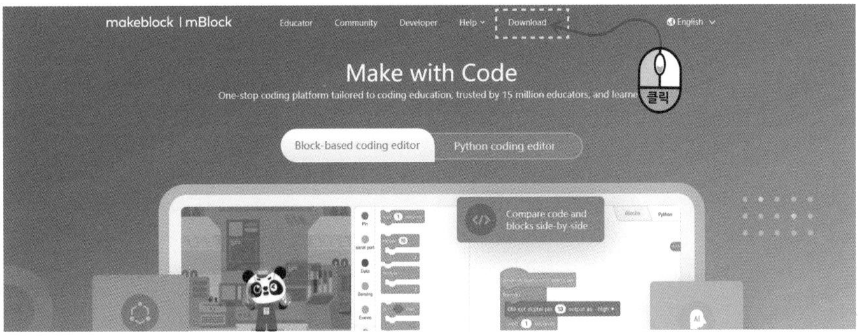


나오는 메뉴중에 선택하여 설치할 수 있는 여러종류 메뉴가 있습니다.

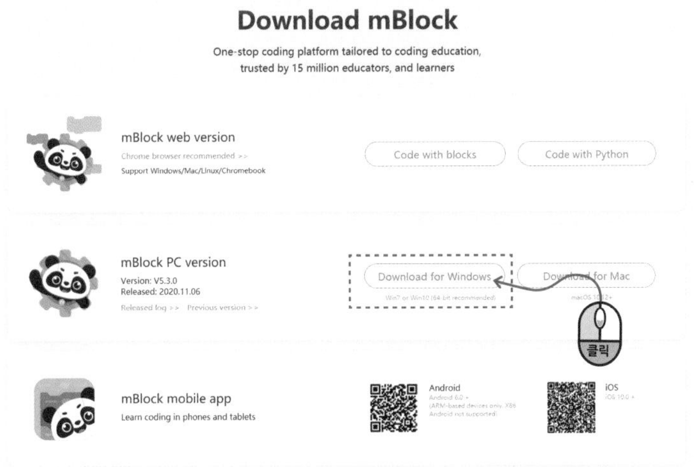

mBlock PC version을 선택하여 다운 받습니다. 만약 컴퓨터가 Mac이라면 Mac버전의 설치파일을 선택하여 다운 받습니다. mLink2 때와 같이 다운받은 설치 파일은 임의로 변경을 하지 않았다면 컴퓨터의 다운로드 폴더에 있습니다.

V5.3.0.exe

다운로드 폴더에 있는 실행파일을 더블클릭하여 실행합니다.

이후의 설치과정은 mLink2의 설치와 동일합니다.

## 02 전체 화면

mBlock5의 초기화면입니다. 스프라이트를 선택하고 블록영역의 블록들을 작업영역에서 코딩하면 무대의 스프라이트가 움직입니다.

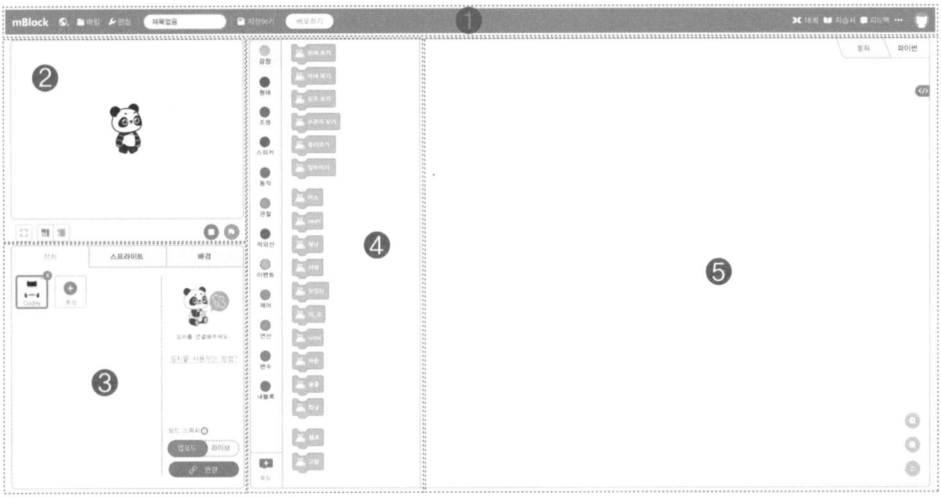


❶ 은 메뉴바 입니다. 파일의 저장과 불러오기 등의 기능이 있습니다.

❷ 는 무대입니다. 코드의 실행 결과를 볼 수 있는 곳입니다.

❸ 는 스테이지 영역입니다. 이 영역에서 외부기기와 무대 배경을 추가하고 스프라이트와 사운드를 관리합니다.

❹ 은 블록영역입니다. 프로그래밍을위한 다양한 유형의 블록이 포함되어 있습니다.

❺ 는 작업영역입니다. 블록영역에서 블록을 가져와 코드를 작성하는 곳입니다.

## 03 메뉴바

엠블록 5의 메뉴바 화면 입니다.

❶ 은 언어설정 입니다. 지구모양의 아이콘을 선택하면 다양한 언어로 프로그래밍 할 수 있습니다.

❷ 는 파일을 새로 만들거나 저장하는 방법입니다. 엠블록 5는 내컴퓨터에 저장하는 방법과 엠블록 커뮤니티에 가입하여 공유할 수 있게 저장하는 방법이 있습니다.

❸ 엠블록에 로그인하는 아이콘입니다. 엠블록 커뮤니티에 가입하고 로그인을하면 아이콘이 바뀌어 로그인 상태임을 알려줍니다.

# 04 스테이지 영역

## ■ 장치

스테이지 영역은 장치, 스프라이트, 배경으로 나뉩니다. 기본 장치는 Codey이며 장치 오른쪽 상단에있는 〈×〉를 클릭하여 삭제할 수 있습니다.

장치 탭에서 〈추가〉를 선택하면 장치 라이브러리창이 열리고 원하는 장치를 추가하면 됩니다.

장치에는 〈업로드 모드〉와 〈라이브 모드〉 두 가지 모드가 있습니다.

〈업로드 모드〉는 장치에 코드를 업로드하여 연결을 해제한 후에도 장치가 코딩한 대로 움직이게 하는 모드이며 〈라이브 모드〉는 실시간으로 코드를 확인할 수 있는 모드입니다.

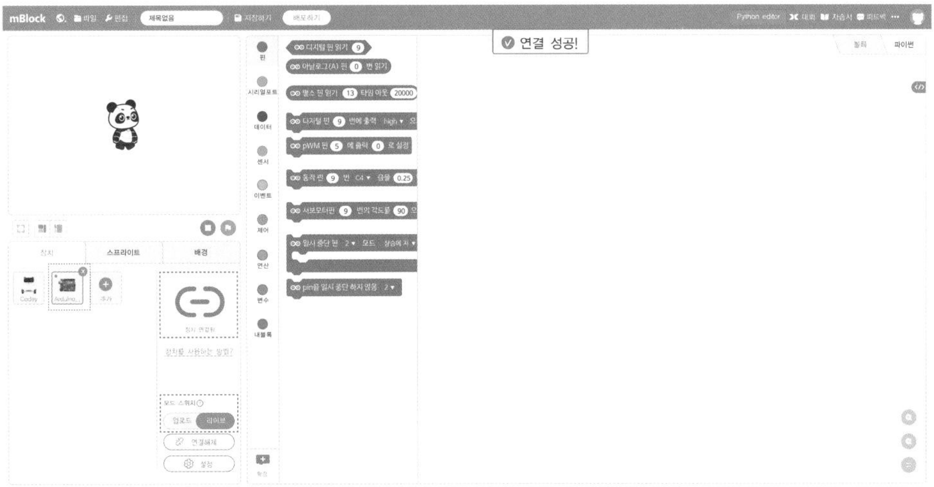

모드의 상태에 따라 블록의 상태도 자동으로 변경되며 아두이노 우노를 선택한 경우 업로드 상태에서는 〔arduino Uno가 켜지면〕를 제외한 다른 블록들은 사용할 수 없게 되고 〈라이브 모드〉에서는 〔arduino Uno가 켜지면〕 블록을 사용할 수 없게 됩니다.

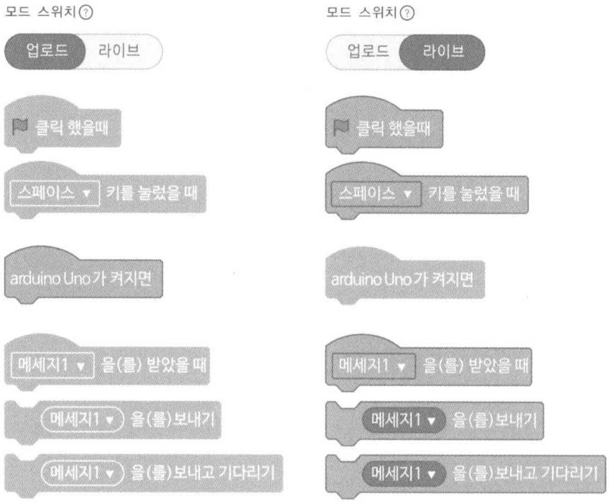

## ■ 스프라이트

스프라이트는 요정, 도깨비라는 뜻인데 드라마의 배우와 비슷합니다.

블록으로 명령을 하면 스프라이트가 움직입니다.

기본 스프라이트는 Panda이며 스프라이트의 오른쪽 상단에있는 〈×〉를 클릭하여 삭제할 수 있습니다.

스프라이트 탭에서 〈추가〉를 선택하면 스프라이트 라이브러리창이 열리고 원하는 스프라이트를 추가하면 됩니다.

라이브러리창에서 원하는 스프라이트를 찾을 수 없으면 자신의 스프라이트를 칠하기 창을 열고 만들어 업로드 할 수 있습니다.

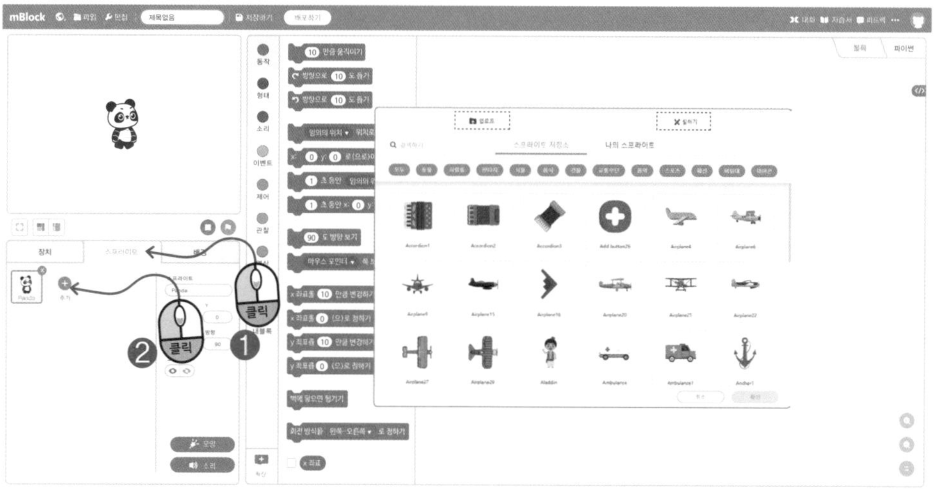

**Think outside the box**

스프라이트 탭에서 판다를 선택하고 모양 버튼을 클릭하면 판다를 수정하거나 추가할 수있는 화면이 열립니다.

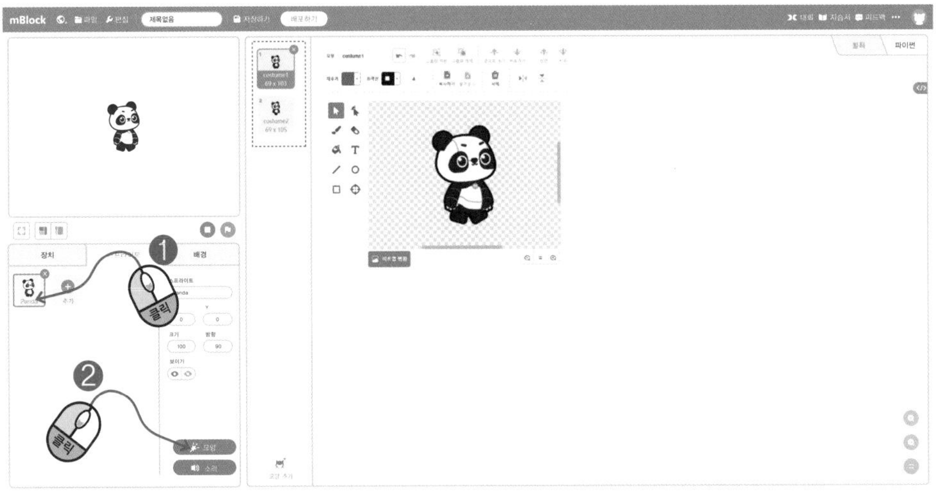


스프라이트는 무대에서 소리를 낼 수도 있습니다. 스프라이트 탭에서 판다를 선택하고 소리버튼을 선택하면 소리를 수정하거나 수정할 수 있는 화면이 열립니다. 소리추가 버튼을 이용하여 판다에게 여러가지 소리를 추가할 수 있습니다.

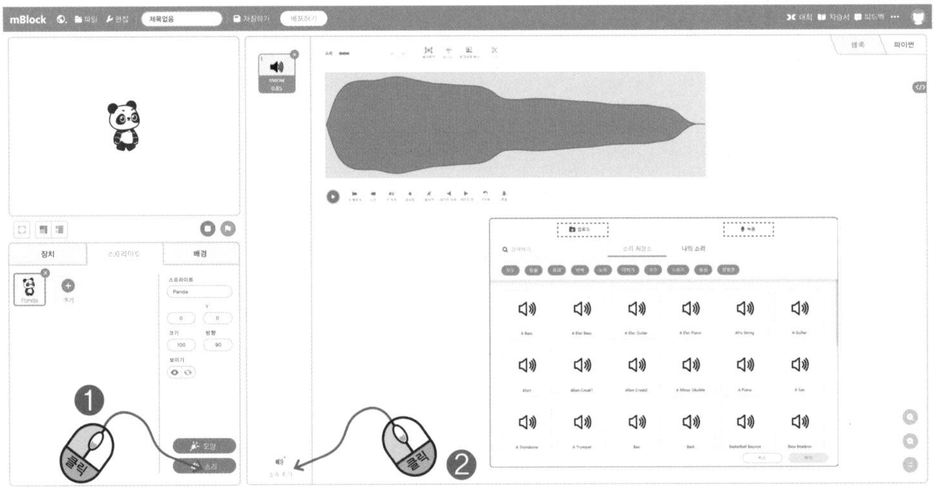

## ■ 배경

배경은 무대의 배경입니다. 배경탭을 클릭하고 배경에서〈+〉를 선택하면 배경 라이브러리 화면이 열립니다. 원하는 배경을 선택합니다.

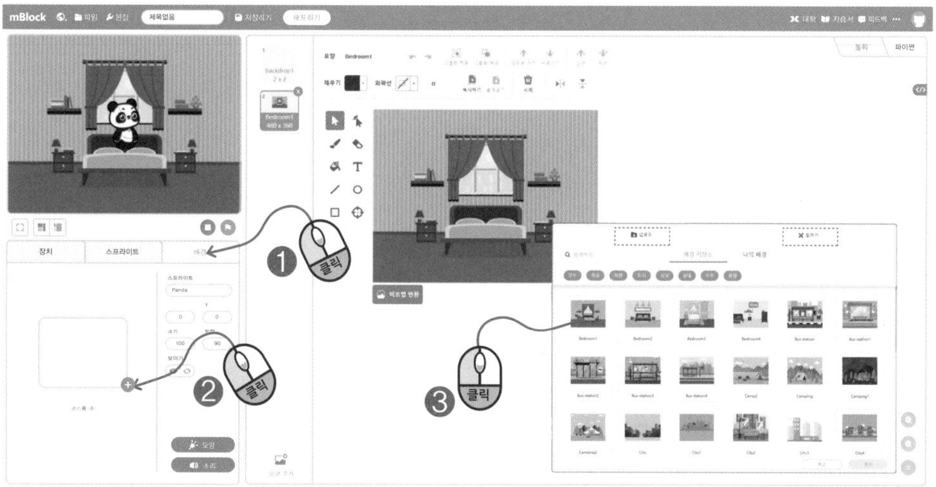

# 05 블록영역

스크립트는 스프라이트나 무대에 어떤 일을 시키는 것입니다. 명령어 블록을 스크립트라고 합니다. mBlock에는 다양한 명령어가 있는데 비슷한 기능을 하는 것끼리 모아서 색깔로 구분했습니다. 동작과 관계있는 명령어 블록은 모두 파란색입니다. 명령어를 보면 돌기, 이동하기, 움직이기 등 모두 동작과 관련된 것을 알 수 있습니다. 그래서 코딩을 할 때 원하는 명령어가 어디 있을 것 같다고 생각하면서 명령어를 찾으면 조금 더 쉽게 코딩할 수 있습니다. 명령어의 종류는 동작, 형태, 소리, 이벤트, 제어, 관찰, 연산, 변수, 내블록이 있습니다.

블록은 서로 다른 모양의 블록을 퍼즐처럼 수직으로 연결하여 코딩합니다. 블록의 모양은 다음과 같이 다섯 가지가 있습니다.

| 형태 | 특 징 |
|---|---|
| 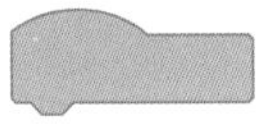 | Hat Blocks<br>스크립트를 시작하는 데 사용되며 항상 다른 블록 위에 배치된다. |
|  | Stack Blocks<br>다른 블록의 위나 아래에 들어갈 수 있는 직사각형 블록으로 다른 블록과 결합할 수 있는 홈이 있으며 주 명령을 실행하는 데 사용된다. |
|  | Reporter Blocks<br>숫자나 문자열이 될 수 있는 값이 포함되어 있다. 데이터를 필요로 하지만 독립적으로 사용할 수 없고 슬롯이 맞는 다른 블록에 들어갈 수 있다. |
|  | Boolean Blocks<br>부울 블록은 "참" 또는 "거짓"일 수 있는 조건을 포함한다. 부울 블록은 다른 블록의 육각형 슬롯에 넣어야 하므로 독립적으로 사용할 수 없다. |
|  | Cap Blocks<br>캡 블록은 스크립트 또는 프로젝트를 종료하고 모든 블록 아래에만 넣을 수 있다. |

## 06 작업 영역

작업영역은 블록영역의 블록을 맞춰 코딩을 완성하는 공간입니다. 무대에서 있는 판다가 모양을 바꾸며 걷는 모습을 만들어보겠습니다.

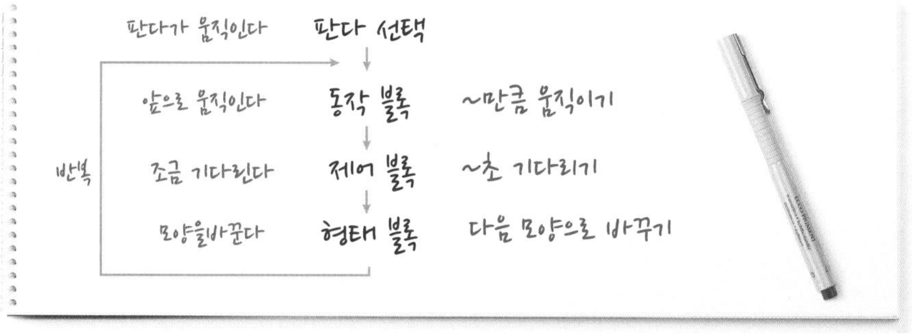


스프라이트를 선택하고 판다를 클릭합니다.

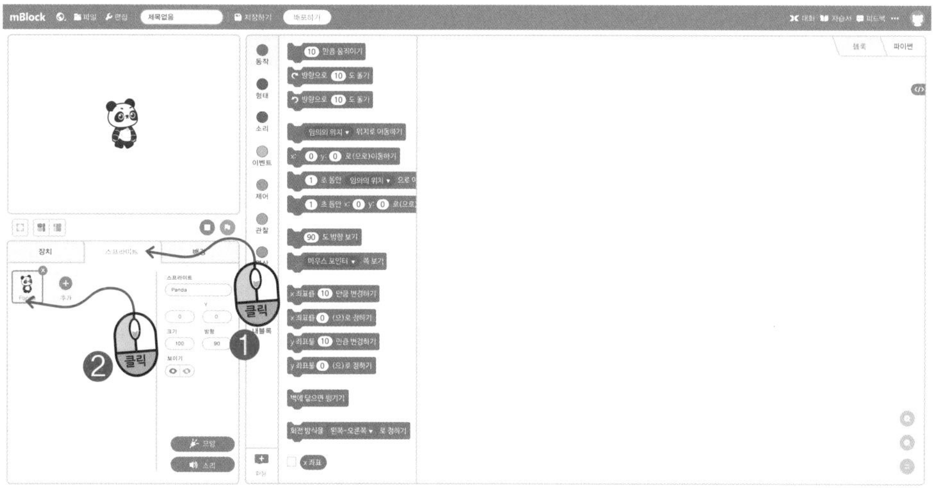

블록을 드래그하여 작업영역으로 가져올 수 있습니다. 그리고 블록을 삭제할 때는 다시 블록 영역으로 가져가거나 오른쪽 마우스 버튼을 클릭하여 삭제할 수 있습니다.

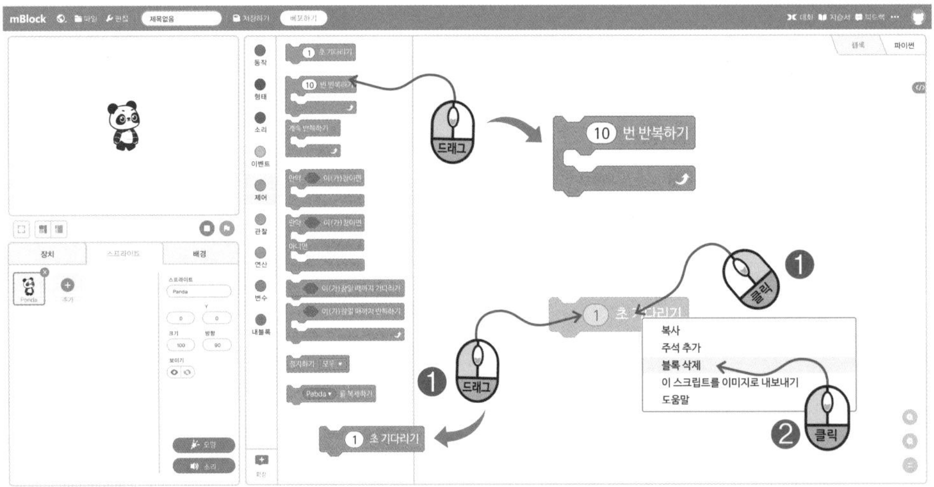


이벤트가 발생했을 때 판다가 움직이도록 이벤트 블록에서 [깃발을 클릭했을 때] 블록을 가져옵니다. 판다가 움직이도록 동작 블록에서 [◯만큼 움직이기] 블록을 가져오고 걷는 모양을 나타내기 위해서 형태 블록에서 [다음 모양으로 바꾸기] 블록을 가져옵니다.

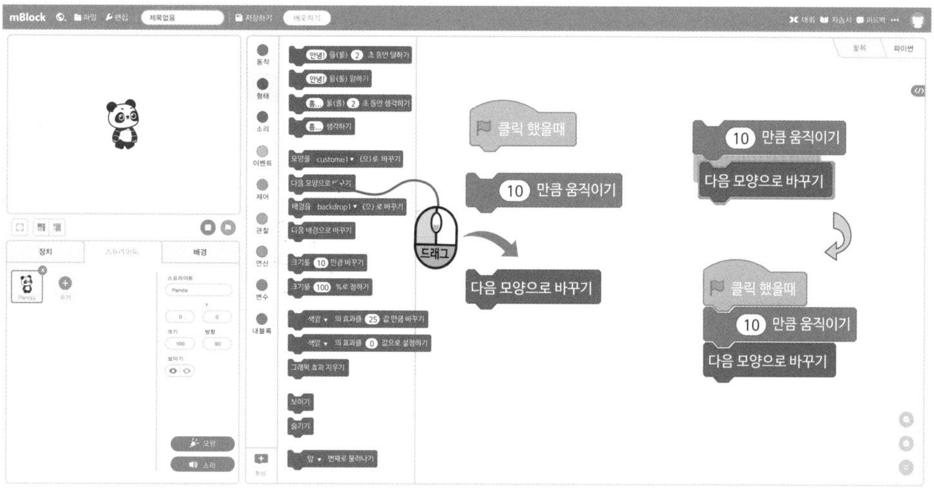


블록을 연결할 때는 블록끼리 잘 연결되어 있는지 확인해야 합니다. 중간에 끊어진 블록이 있다면 끊어진 블록 윗부분까지만 실행됩니다.

무대 아래 깃발을 클릭하거나 이벤트 블록에서〔깃발을 클릭 했을 때〕블록을 클릭하면 판다가 모양을 바꾸며 10만큼 앞으로 이동합니다.

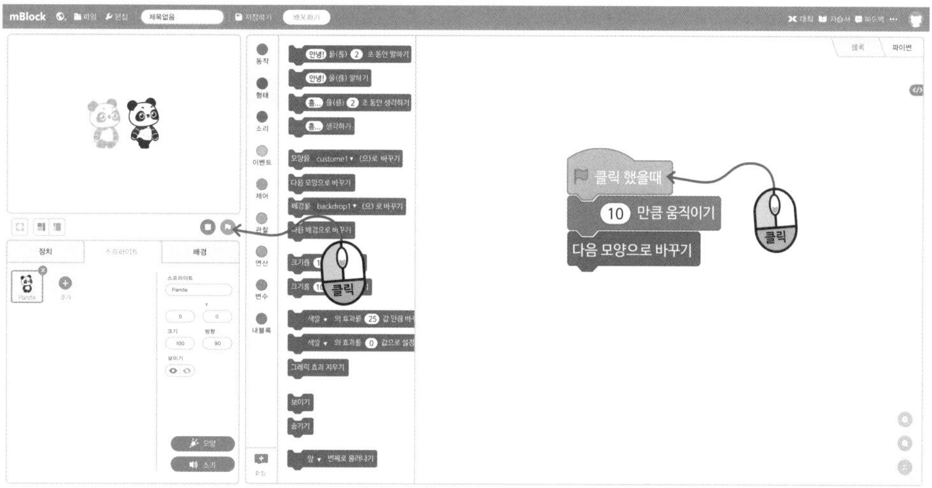

걷는 모양을 10회 반복하도록 만듭니다.

오른쪽 마우스를 클릭하여 블록을 복사해도됩니다. 그러나 제어 블록에 〔◯번 반복하기〕 블록이 있습니다. 이 블록은 원하는 수만큼 반복합니다.

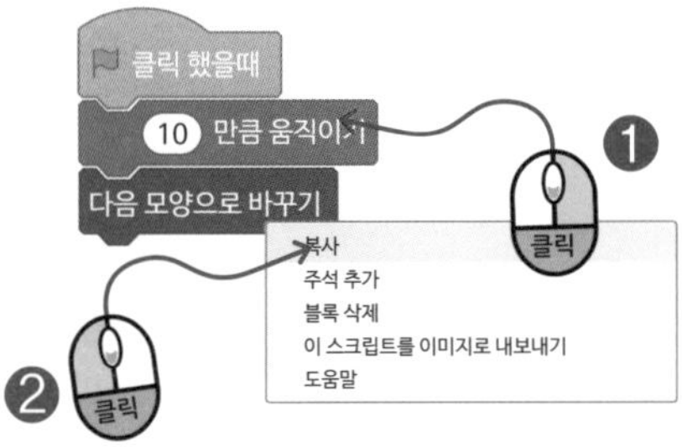


〔◯번 반복하기〕 블록을 가져옵니다. 만약 횟수를 바꾸고 싶으면 숫자를 선택하고 바꾸면 됩니다.

그리고 천천히 움직이도록 0.5초 기다리기를 넣습니다. 0.5초도 〔1초 기다리기〕 블록을 가져와 숫자를 바꾸면 됩니다. 깃발을 클릭하면 판다가 모양을 바꾸며 10만큼 10회 이동합니다.

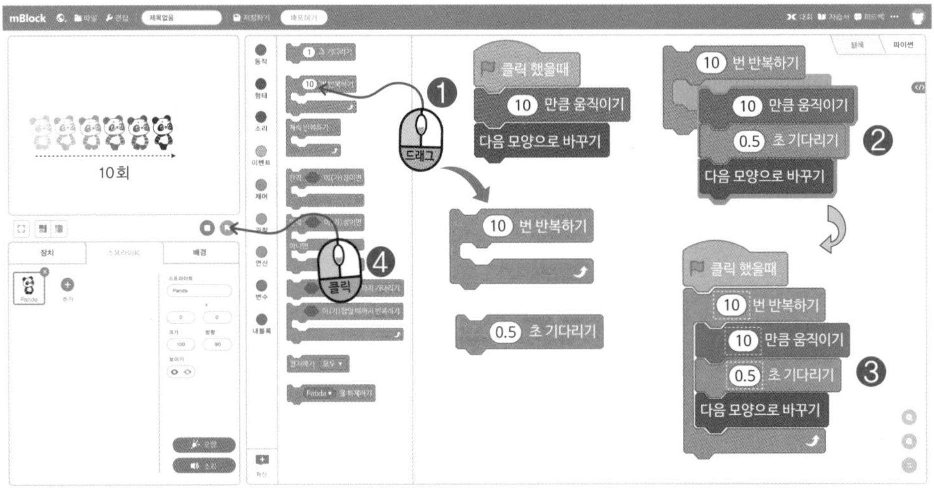

판다가[다음 모양으로 바꾸기] 블록으로 모양을 바꿀 수 있는 것은 기본으로 판다의 모양 안에 2개의 모양을 가지고 있기 때문입니다.

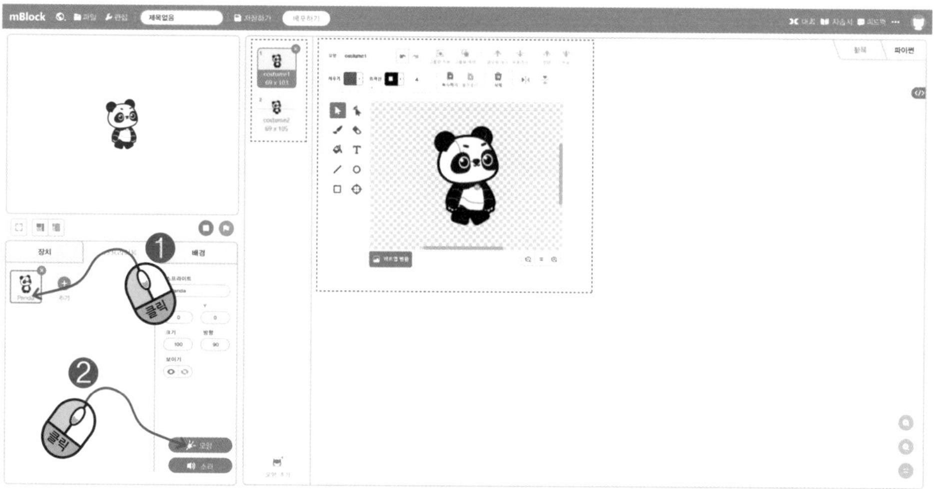


오른쪽 마우스로 모양을 복사하고 수정하여 다양한 모습으로 움직이는 판다를 만들 수 있습니다.

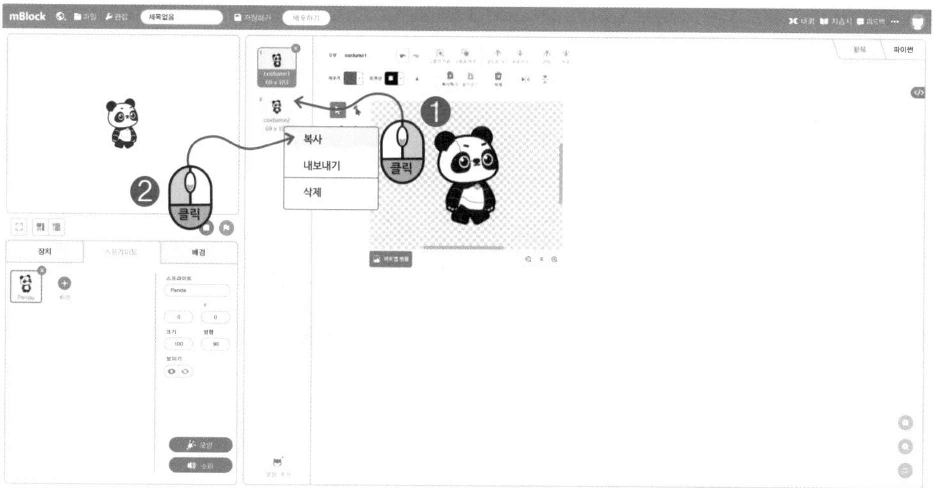

판다가 모양을 바꾸며 움직이면서 소리도 낼 수 있습니다. 스프라이트에서 〈판다〉 → 〈소리〉 → 〈소리추가〉를 차례로 선택합니다.

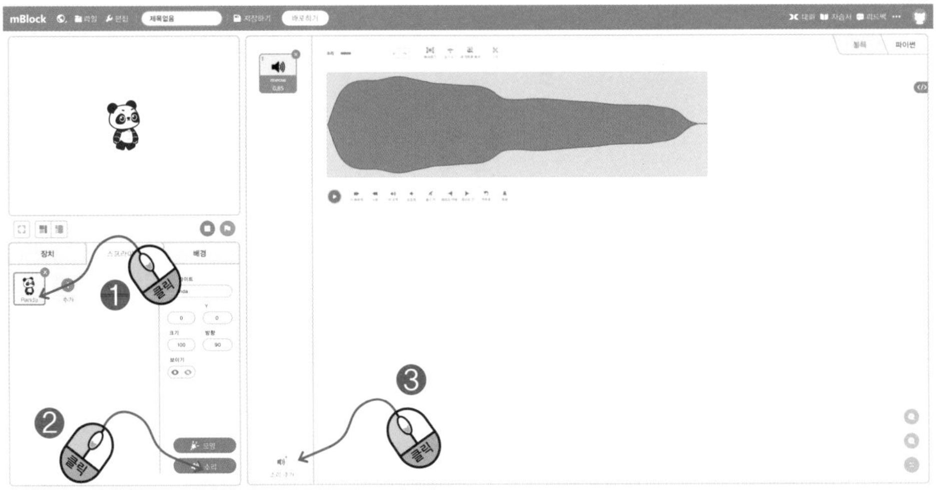


팝업창이 열리면 〈동물〉 → 〈Croak〉을 선택하고 확인을 클릭하면 소리가 추가됩니다.

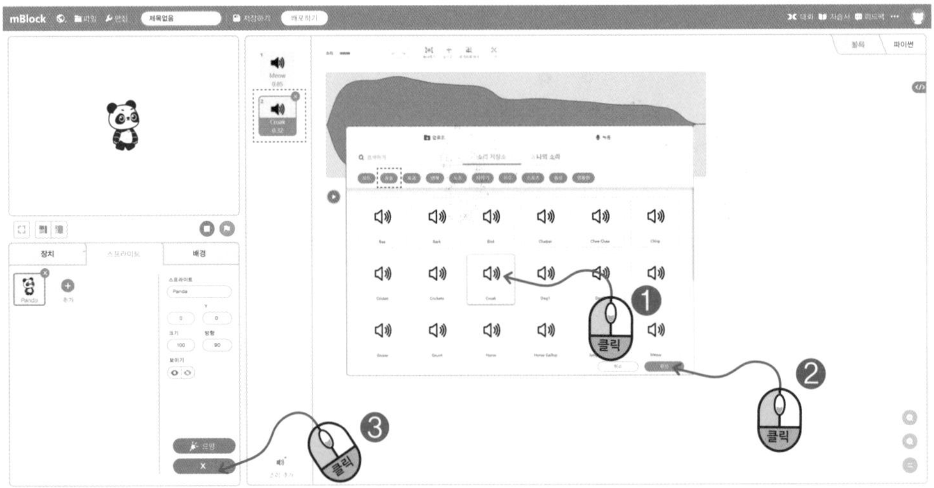

〈X〉를 클릭하고 소리블록에서 〔~소리의 재생을 시작하기〕블록을 가져와 조립하고 역삼각형의 모양을 클릭하여 소리를 개구리소리(Croak)로 바꿉니다.

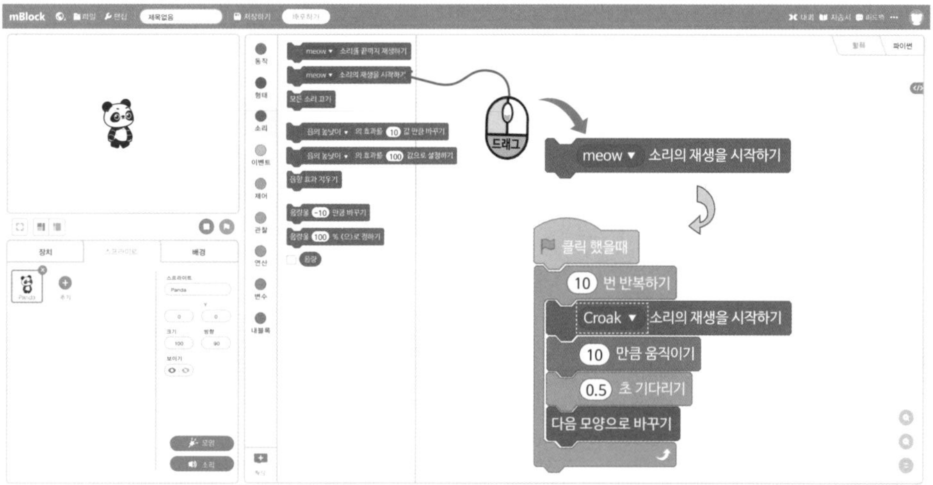


〔~소리의 재생을 시작하기〕블록을 보면 블록 안에 역삼각형 모양의 표시가 있습니다. 소리 추가로 여러 가지 소리를 가져왔다면 역삼각형을 클릭하여 원하는 소리를 넣을 수 있습니다. 역삼각형 표시는 그 안에 선택할 수 있는 여러가지 메뉴가 있어 원하는 것을 고를 수 있다는 뜻입니다.

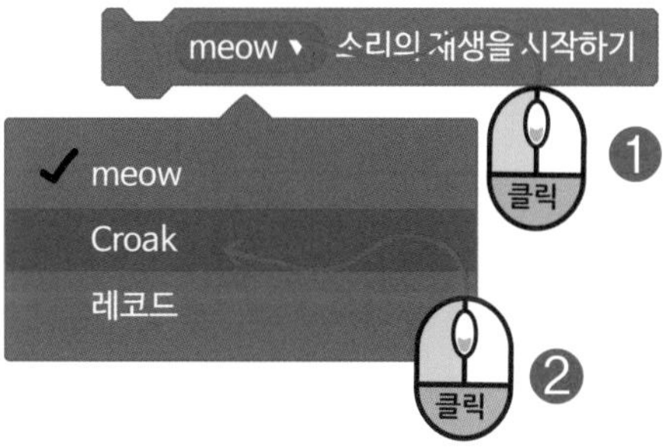

깃발을 클릭하면 판다가 개구리소리를 내고 모양을 바꾸면서 움직입니다.

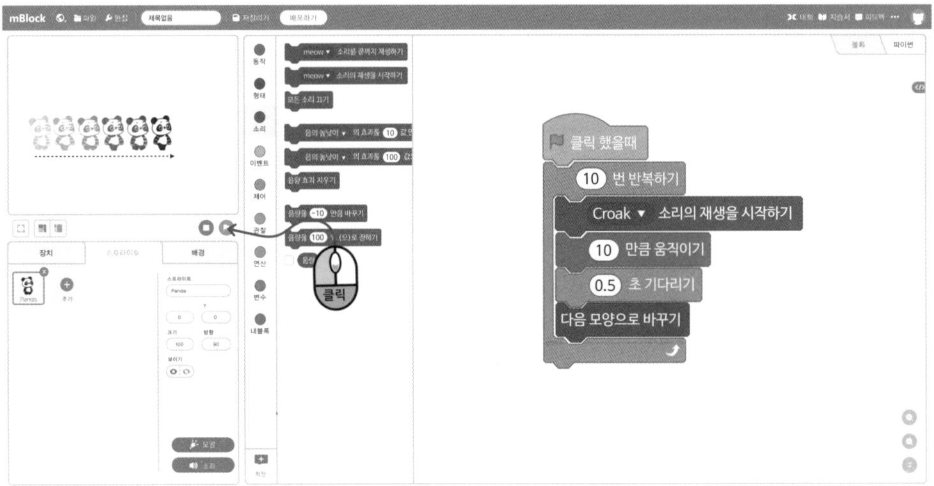

## 07 확장

기본 블록 외에도 mBlock 5는 확장 기능을 제공합니다. 블록 영역의 하단에서〈+〉확장을 클릭하면 확장 센터가 열립니다. 확장센터에는 여러가지 확장할 수 있는 블록들이 있습니다.

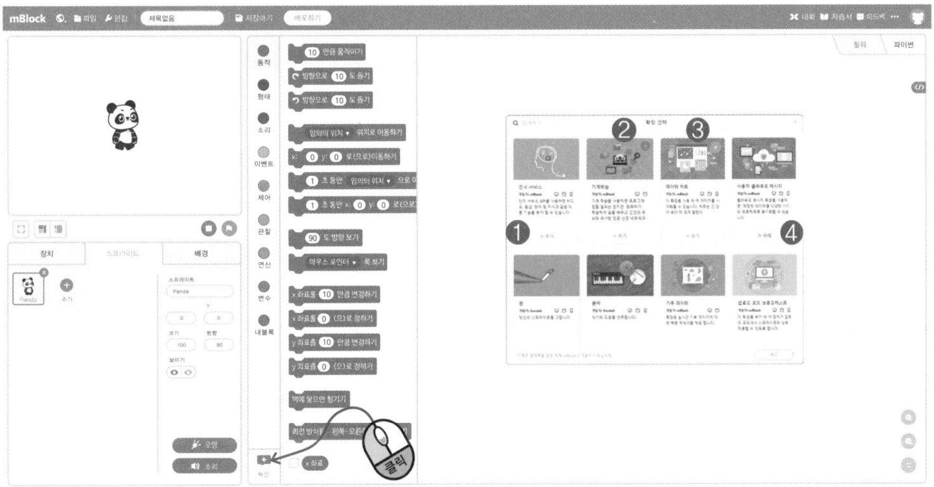

❶ 추가를 클릭하여 블록을 추가 할 수 있다는 표시입니다.

❷ ⊕ 아이콘은 나타나는 블록은 추가할 수 있는 블록이 새로 생겼다는 표시입니다.

❸ ⊕ 아이콘은 나타나는 블록은 새로운 소프트웨어 버전을 사용할 수 있다는 표시입니다.

❹ 삭제는 블록이 이미 추가된 상태여서 블록을 삭제할 수 있다는 표시입니다.

확장 프로그램 하단에서 추가를 클릭하면 확장블록이 블록영역에 추가됩니다. 그리고 장치 또는 확장을 업데이트하거나 추가 한 후 장치 또는 확장을 적용하려면 mBlock 5를 다시 시작해야합니다.

## 08 파이썬

mBlock 5에서는 블록을 파이썬으로 변환하여 스프라이트의 움직임과 모양을 제어할 수 있습니다.

스프라이트에서 판다를 선택하고 블록 꾸러미에서 블록들을 가져와 조립한 다음 파이썬 변환 버튼을 클릭하면 블록들이 파이썬 코드로 변환된 것을 볼 수 있습니다.

파이썬으로 가져가기위해 코드를 드래그하여 복사합니다.

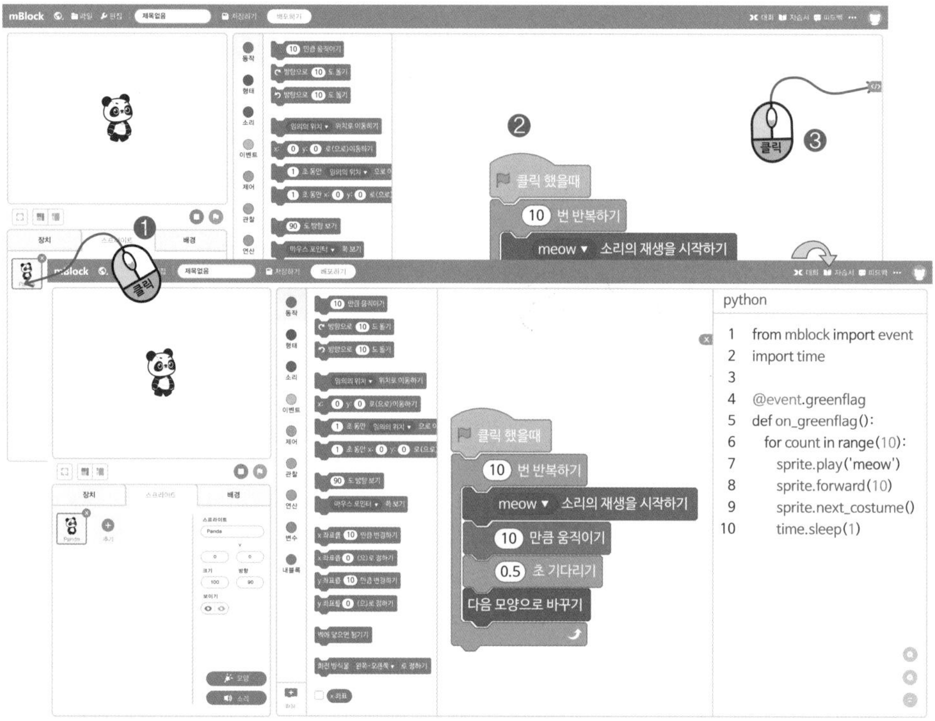

파이썬 창을 선택하고 복사한 코드를 붙여넣은 다음 실행 버튼을 클릭합니다.

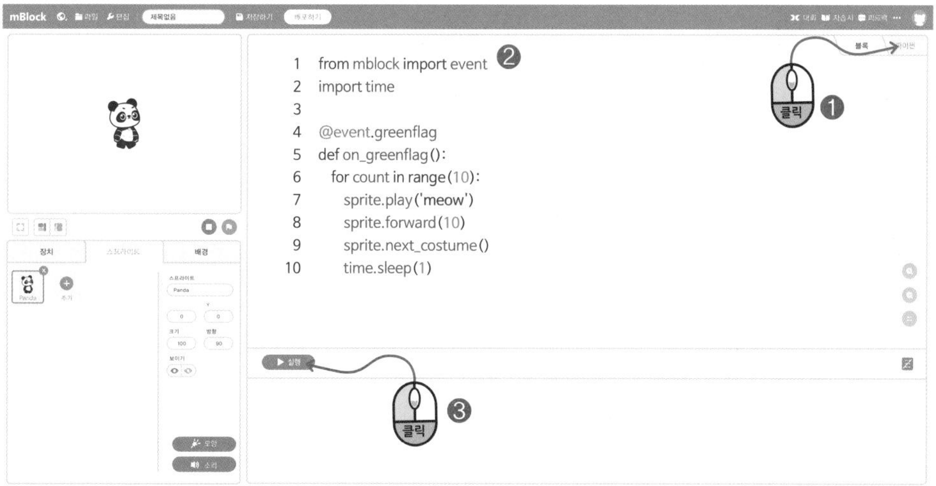


버튼모양이 실행중으로 바뀌면 깃발을 클릭하여 실행합니다. 블록으로 코딩한 것과 같이 판다가 모양을 바꾸고 고양이 소리를 내며 앞으로 갑니다.

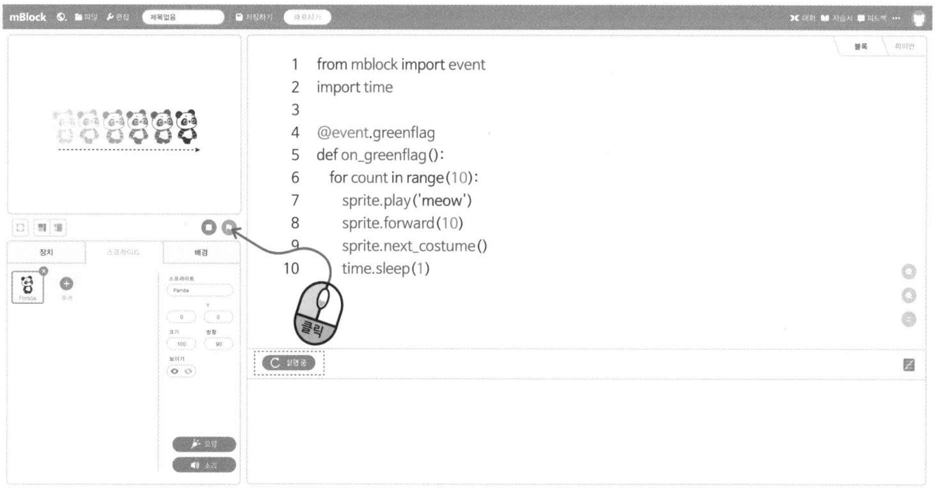

ON
ON
ON
ON
3D

# Think outside the box

## Chapter 03
## 전자회로 기초

1. 전압 · 전류 · 저항
2. 엘이디(LED) · 저항 · 푸쉬버튼
3. 브레드보드와 점퍼 케이블
4. 아두이노 보드 알아 보기
5. 아두이노 보드 연결하기
6. 버튼과 플로팅 현상
7. 풀다운 저항과 풀업 저항

## 01 전압 · 전류 · 저항

아두이노를 코딩하기 위해서 전기에 대해서 알아야 합니다. 전기는 전자라는 작은 알맹이가 움직여서 만들어지는 힘(에너지)을 말합니다.

컴퓨터와 아두이노는 이 전기로 다양한 부품에 일을 시킵니다. 우선 우리가 반드시 알아야 할 중요한 단어가 있습니다. 바로 전압, 전류, 저항입니다.

다음의 그림으로 전압, 전류, 저항의 뜻을 알아보겠습니다.

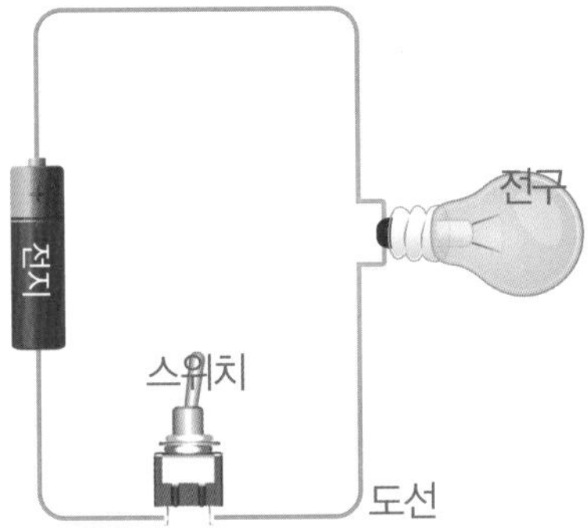


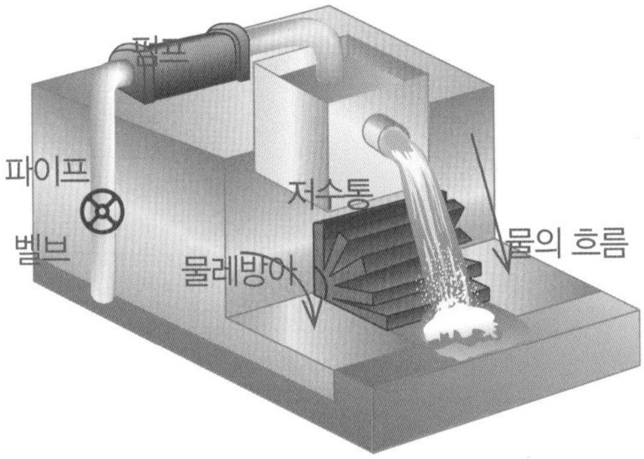


전기는 물과 비슷합니다. 높은 곳에 있는 물은 낮은 곳으로 흐릅니다. 그런데 높은 곳에 있는 물이 아래로 세게 흐를까요? 아니면 낮은 곳에 있는 물이 세게 흐를까요? 높은 곳에 있는 물이 세게 흐릅니다. 이렇게 물이 높은 곳에서 낮은 곳으로 흐르는 힘을 수압이라고 하듯이, 전기가 높은 곳에서 낮은 곳으로 흐르는 힘을 전압이라고 합니다. 물이 높은 곳에 있어 수압이 세면 물이 잘 흐르듯, 전압이 세면 전기가 더 잘 흐르게 됩니다.

전류는 물의 양과 같습니다. 흐르는 전자의 양을 전류라고 합니다.

무게를 나타내는 그램(g), 길이를 나타내는 미터(m)처럼 전기에도 전기 에너지를 나타내는 단위가 있습니다. 전기 에너지를 나타내는 단위는 볼트(V)라고 합니다. 볼트는 전지를 처음 발명한 과학자 알렉산드로 볼타의 이름을 따서 만들었습니다.

전류에도 단위가 있습니다. 바로 암페어(A)입니다. 암페어는 프랑스 과학자인 앙페르의 이름에서 따 왔습니다. 앙페르를 영어식으로 읽으면 암페어가 됩니다.

그렇다면 저항은 무엇일까요? 저항은 물의 흐름을 조절하는 수도꼭지나 댐이라고 생각하면 됩니다. 너무 빨리 전기가 흐르지 않도록 전류를 조절해서 다른 전자부품을 보호하는 역할을 합니다.

아래 글을 읽으면 전압과 전류, 저항이 어떤 뜻인지 이해가 잘 될 겁니다.

높은 곳에 물이 있어서 수압이 생겼습니다.(전압) 높은 곳에서 낮은 곳으로 물이 떨어져서 흐르는데(흐르는 물의 양이 전류) 물레방아(전자 부품) 앞에 수도꼭지(저항)가 없어서 물이 너무 빠르게 흐릅니다. 그렇게 되면 물레방아가 너무 빨리 돌다가 고장 날 수 있습니다. 수도꼭지로 물레방아가 너무 빨리 돌지 않도록 흐르는 물의 양을 조절해야 합니다.(전자 부품 보호)

저항의 단위는 옴을 사용합니다. 옴이라는 과학자가 전압은 전류와 저항을 곱해서 구할 수 있다는 법칙을 발견했습니다. 저항의 단위는 이 법칙을 찾은 옴이라는 과학자의 이름을 따서 만들었습니다.

옴의 법칙에 따르면 다음과 같이 말할 수 있습니다.

"1볼트의 힘이 있다면 1옴을 갖고 있는 저항에 1암페어의 전기가 흐르게 할 수 있다는 뜻이다."

즉 옴의 법칙은 전압=전류×저항이 됩니다.

# 02 엘이디(LED) · 저항· 푸쉬버튼

## ■ 엘이디(LED)

엘이디(LED)는 우리가 흔히 볼 수 있는 전구와 같이 빛이 나는 부품입니다. 싸고, 쉽게 사용할 수 있으며 전기도 많이 사용하지 않아서 다양한 곳에서 엘이디(LED)가 쓰입니다.

중요한 것은 엘이디(LED)는 반도체 제품이어서 극성이 있다는 것입니다. 긴 다리가 플러스 극이고 짧은 다리가 마이너스 극입니다. 플러스(+) 극과 마이너스(-) 극을 잘 연결해야 합니다.

전지의 플러스 극과 엘이디(LED)의 플러스 극을 연결하고 전지의 마이너스 극과 엘이디(LED)의 마이너스 극을 연결해야 합니다. 반대로 연결하면 켜지지 않거나 고장날 수 있습니다.

아두이노 보드에서는 5볼트(V) 전압이 나옵니다. 그러나 엘이디(LED)는 2볼트(V) 전압과 20밀리암페어(mA) 전류 정도만 필요합니다. 그래서 물이 흘러가는 것을 조절하는 수도꼭지와 같은 저항이 필요합니다. 만약 수도꼭지가 없다면 엘이디(LED)에는 큰 전류가 흘러서 엘이디(LED)가 고장이 나게 됩니다.

## ■ 저항

저항은 너무 큰 전류가 흐르지 않도록 하여 부품을 보호합니다. 저항값은 저항에 있는 색깔 띠로 알 수 있습니다.

저항 값은 표면에 색상 코드 띠로 표시되어 있고 검정색은 0, 갈색은 1, … 해서 총 10개의 다른 색상을 사용합니다.

첫 번째와 두 번째 띠는 그냥 숫자로 읽고 세 번째 띠는 승수 값(10의 몇 제곱 값인지)입니다. 첫 번째와 두 번째 띠를 통해 나온 숫자에 세 번째 띠가 나타내는 10의 n제곱 값을 곱하면 됩니다.

저항 색상표로 저항값을 알아보겠습니다. 갈색은 1이고, 빨간색은 2입니다. 따라서 22 ×10^1 = 220Ω이고 네 번째 있는 띠는 저항의 오차를 나타냅니다.

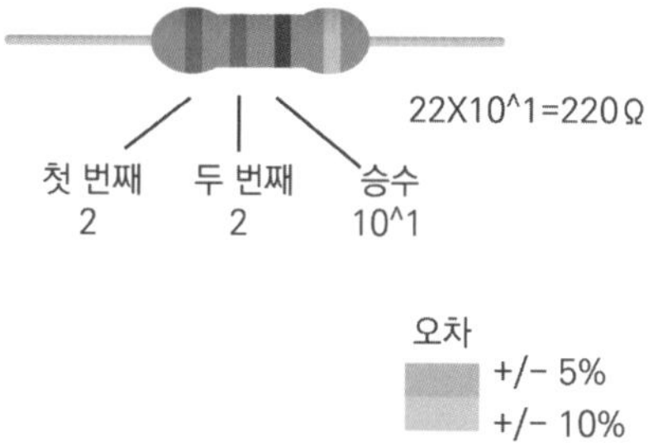


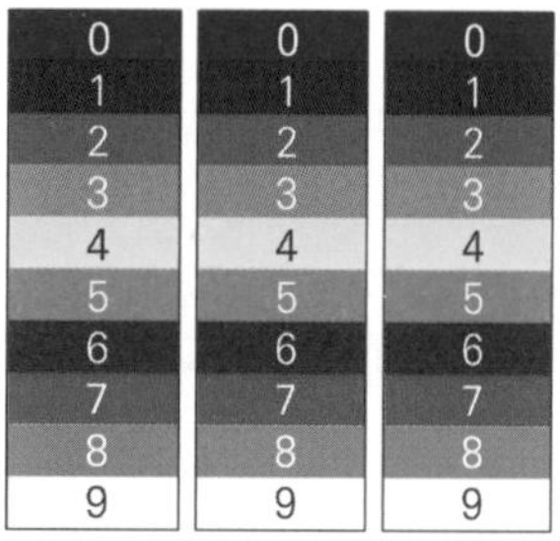


## ■ 푸쉬버튼

버튼은 일상생활에서 흔히 사용하는 입력장치입니다.

우리가 사용하는 푸쉬버튼 스위치는 4개의 다리와 1개의 버튼으로 구성되어있습니다. 평상시는 세로만 열결되어 있고  버튼을 누르면 4개의 다리가 연결됩니다.

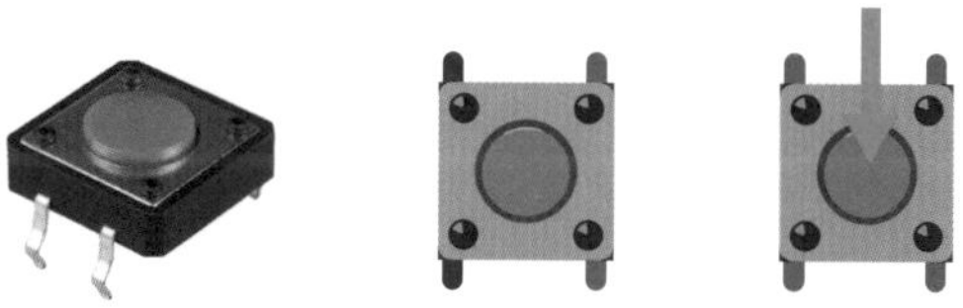

## 03 브레드보드와 점퍼케이블

### ■ 브레드보드

브레드보드는 전자부품을 쉽게 연결하기 위해서 만든 도구입니다. 원래는 납을 뜨겁게 녹여서 부품과 전선을 연결해야 합니다. 하지만 브레드보드를 이용하면 힘들게 납땜을 하지 않아도 됩니다.

브레드보드 내부 회로를 보면 위아래는 가로로 연결되어 있고, 가운데는 세로로 연결되어 있습니다. 파란색 선에 있는 구멍끼리는 서로 연결되어 있습니다. 마찬가지로 빨간색 선에 있는 구멍끼리, 검은색 선에 있는 구멍끼리는 서로 연결되어 있습니다.

아래 그림을 보면 건전지 플러스 극에서 나오는 전기가 빨간색 선을 따라 흘러서 엘이디(LED)로 들어갑니다. 그리고 저항과 검은색 선을 따라 마이너스 극으로 흘러서 불이 켜지게 됩니다.

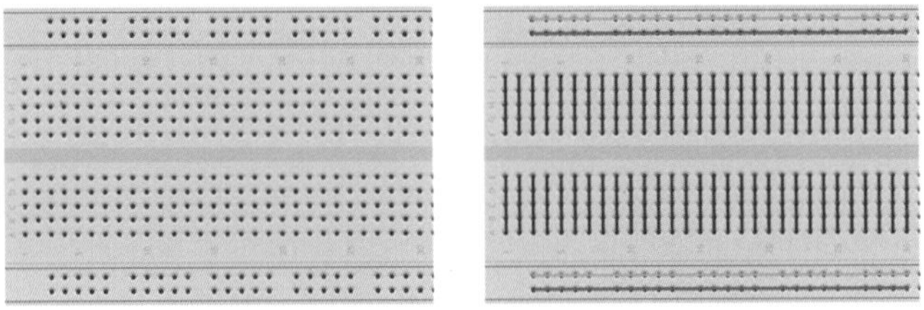

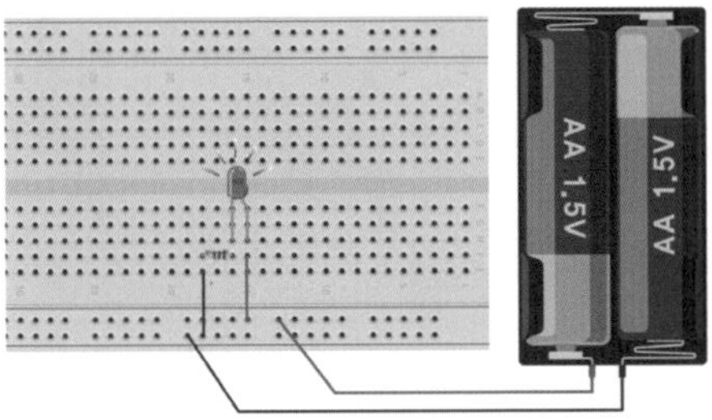

아래 그림은 미니 브레드보드입니다. 위와 아래의 (+)와 (- )구멍이 없고 가로 방향으로 같은 줄에 있는 5개의 구멍은 서로 연결되어 있습니다. 브레드보드 뒷면을 보면 전기가 잘 통하는 금속판을 볼 수 있습니다.

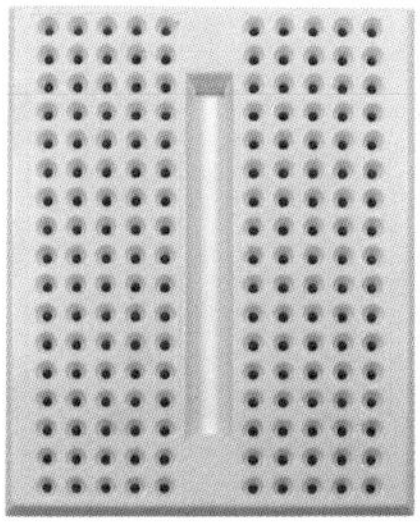

## ■ 점퍼 케이블

점퍼 케이블은 전기가 흐르는 전선입니다. 브레드보드에서 부품과 부품을 연결할 때, 아두이노 핀과 브레드보드를 연결할 때 사용합니다. 한 가닥씩 분리하여 사용할 수 있습니다.

은색 핀 부분이 나와 있는 것을 수(수컷), 구멍이 있는 것을 암(암컷)이라고 합니다. 은색 핀 부분이 양쪽에 나와 있으면 수-수 점퍼 케이블이라고 합니다.

한쪽은 전선 핀이 나와 있고 반대쪽에는 구멍이 있으면 암-수 점퍼 케이블이라고 합니다.

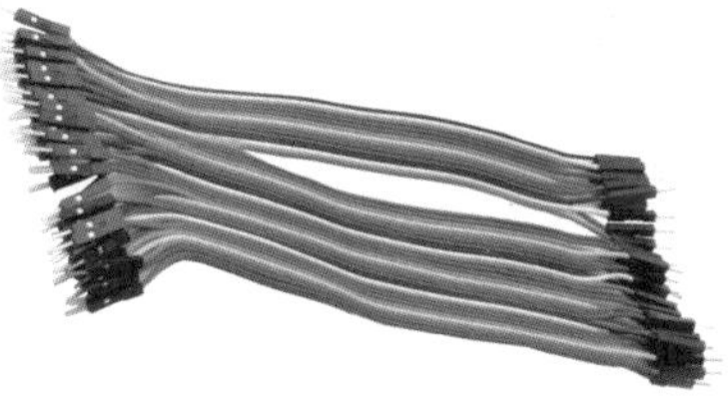

## 04 아두이노 우노보드 알아 보기

아두이노 우노(uno) 보드입니다.

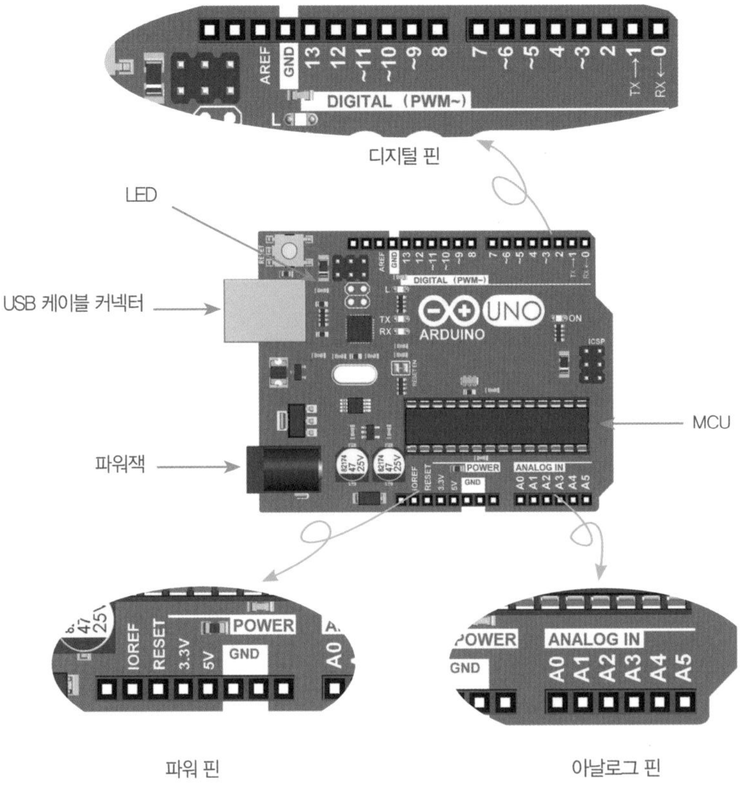

## ■ 디지털 핀

우노보드 위쪽을 보면 부품을 꽂을 수 있는 구멍(핀)이 있습니다. 오른쪽에서 왼쪽으로 0번부터 13번까지 숫자가 쓰여 있고 신호를 보내거나 받을 수 있습니다. 이것을 디지털 값이라고 합니다.

디지털 핀 아래에는 영어로 DIGITAL(디지털)이라고 쓰여 있습니다. 이 디지털 핀에서 전압이 나가게 되면 이 디지털 핀은 플러스 극이라고 생각하면 됩니다.

## ■ MCU(Micro Controller Unit)

중간에 네모모양의 긴 칩이 있는데 이것을 MCU(마이크로 컨트롤러 유닛: Micro Controller Unit)라고 합니다. 우리의 두뇌와 같은 일을 합니다. 여기에 코딩한 프로그램이 1과 0으로 바뀌어서 저장되고, 저장된 1과 0의 전기신호를 이용해서 다른 부품에 명령을 보냅니다.

## ■ 아날로그 핀과 디지털핀

오른쪽 아래에는 아날로그 값을 받는 아날로그 입력 핀이 있습니다. A0~A5까지 6개의 구멍을 아날로그 핀이라고 합니다.

디지털과 아날로그의 가장 큰 차이점으로는 디지털은 0과 1밖에 표현하지 못하지만 아날로그 핀은 0~1023까지 표현할 수 있습니다. 또한, 디지털 핀은 출력이 가능하지만 아날로그 핀은 출력을 할 수 없습니다.

## ■ 파워 핀

아날로그 핀 왼쪽에는 파워 핀이 있고, 여기에서 5볼트(V) 또는 3.3볼트(V) 값의 전압이 나옵니다.

그리고 지엔디(GND) 핀이 있는데 지엔디(GND)는 그라운드(GROUND)를 뜻합니다. 지엔디는 마이너스 극(0볼트)이라고 생각하면 됩니다.

## ■ USB 케이블 커넥터

왼쪽 위에 있는 USB 케이블 커넥터가 있습니다. USB 케이블로 컴퓨터와 USB 케이블 커넥터를 연결하고 아두이노에 전기가 흐르게 합니다.

## ■ LED

13번 핀 옆을 보면 'L'이라고 쓰여 있고 작은 LED가 하나 있습니다. 여기에 있는 LED는 우노보드에 내장된 LED로 디지털 13번 핀과 연결되어 있어 별도의 회로 구성없이 LED를 가지고 On/Off 테스트할 수 있습니다.

## ■ PWM(Pulse Width Modulation) 핀

우노(UNO)보드의 디지털 핀은 핀 블록에서〔디지털 ◯핀에 출력 ~으로 설정하기〕블록을 사용하여  단순히 전기를 보내느냐 안 보내느냐만 조절할 수 있습니다. 그러나 11, 10, 9, 6, 5, 3 핀 앞에는 ~모양의 표시가 있으며 이 핀들을 PWM 핀이라 합니다.

PWM은 'Pulse Width Modulation'의 약자로 번역하면 '펄스 폭 변조'입니다.

'PWM'을 간단하게 말하면 디지털 신호를 가지고 아날로그 흉내를 내는 핀이라고 말할 수 있습니다. 1과 0밖에 없는 디지털 신호를 가지고 어떻게 아날로그 흉내를 낼 수 있을까요? 1과 0의 비율을 조절하면 아날로그 처럼 표현 할 수 있습니다.

모터를 가지고 설명 하겠습니다. 1초에 10번 회전하는 모터가 있다고 가정하면 5V로 10초 동안 모터를 회전시키면 모터는 100번 회전합니다. 그리고 10초 동안 1초 간격으로 모터를 회전 시키면 모터는 10초 동안 총 50번 회전합니다.

100회 회전

50회 회전

모터가 작동하는 시간과 작동하지 않는 시간을 눈이 인식하지 못할 정도의 짧은 시간으로 만듭니다. 같은 1:1 비율로 그리고 짧은 시간으로 모터를 회전시키면, 우리 눈에는 2.5V로 모터가 회전하는 것처럼 보입니다. 만약 비율을 4:1로 한다면 모터는 4V의 힘으로 회전하는 것처럼 보일 겁니다.

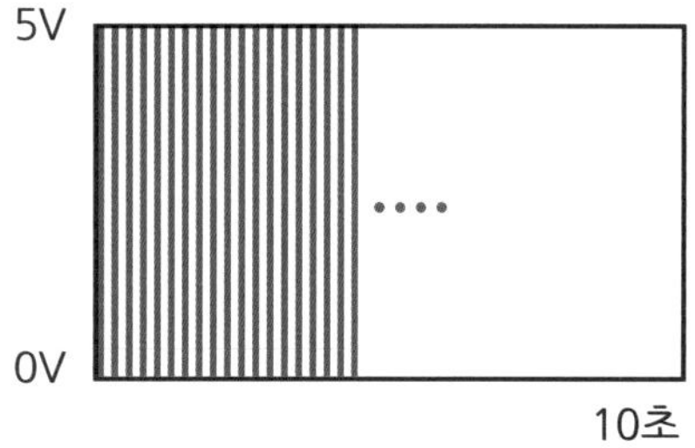


PWM은 0~255 사이의 값을 보낼 수 있습니다. 왜 0~255 사이의 값일까요? PWM 핀은 8bit이기 때문입니다. 1bit는 2가지의 경우의 수를 가질 수 있고 2bit는 4, 3bit는 8가지... 8bit는 256가지입니다. (256이아니고 255인 이유는 컴퓨터는 0부터 숫자를 세기 때문입니다.)

〔PWM핀 ◯에 출력 ◯로 설정〕 블록을 사용하여 입력한 값에 따라 LED의 밝기가 달라지게 할 수 있습니다.

## 05 아두이노 보드 연결하기

USB 케이블로 컴퓨터와 아두이노 보드를 연결합니다.

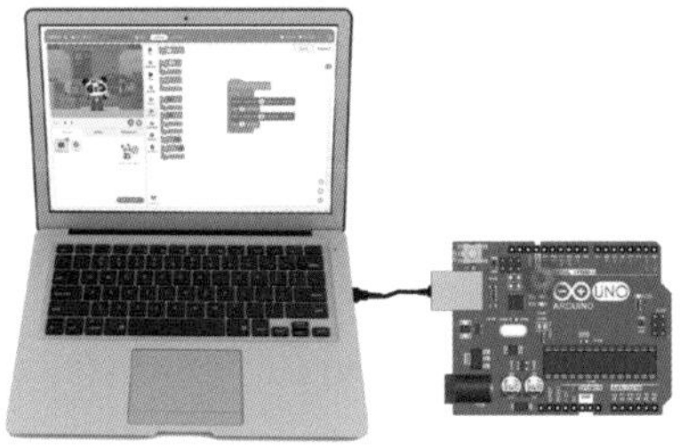

엠블록을 실행하고 〈장치〉에서 〈추가〉를 선택하면 〈장치 라이브러리 창〉이 열리고 설치할 수 있는 여러 장치들이 보입니다. 아두이노 우노를 선택하고 확인을 클릭합니다.

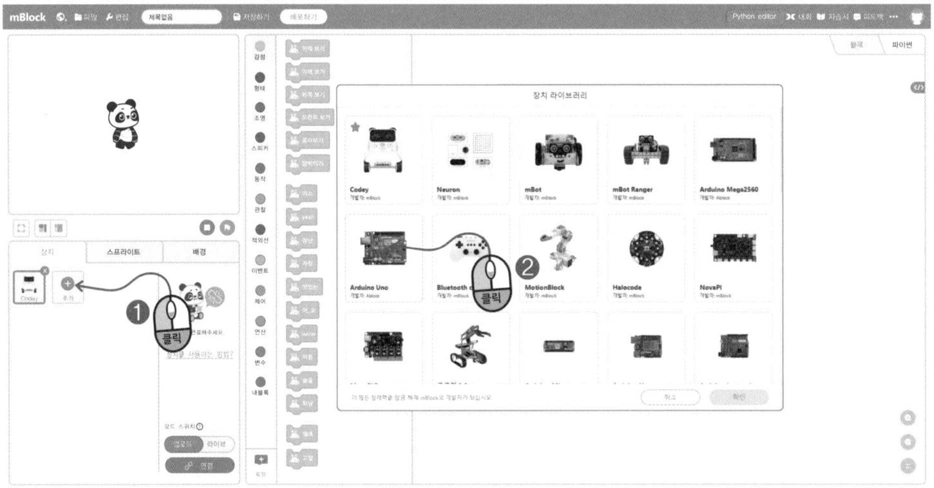

〈연결버튼〉을 클릭하면 USB연결 창이 열립니다.

접속 가능한 모든 기기 옆의 박스를 클릭하면 연결할 수 있는 포트가 나타납니다(포트 번호는 사용자마다 다를 수 있습니다.). 연결버튼을 선택합니다.

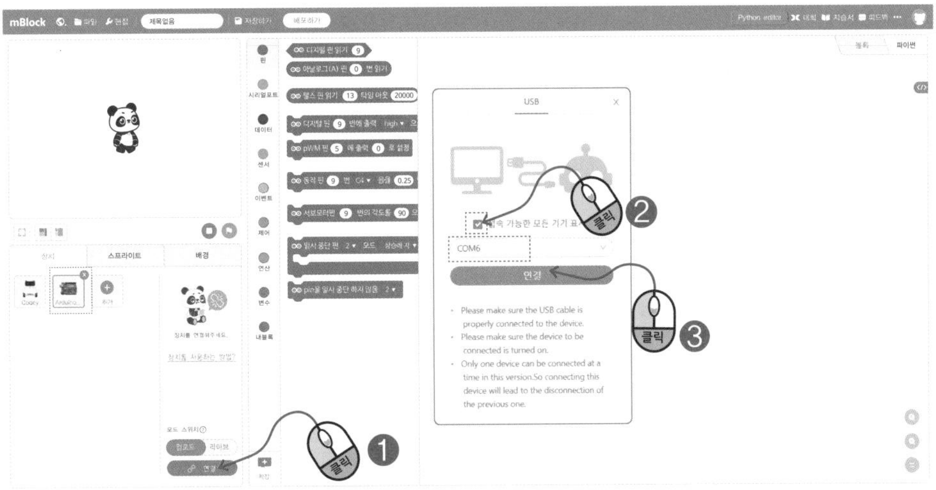


연결 성공! 이라는 메세지가 나오고 장치가 연결됩니다.

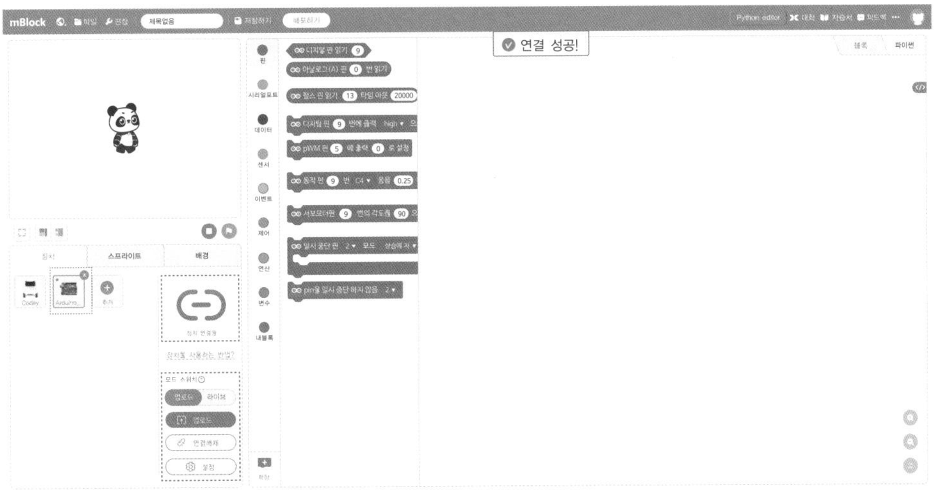

아두이노보드에는 테스트목적으로 장착된 LED가 있고 13번 핀과 연결되어 있습니다. 이 아두이노보드의 LED를 1초 간격으로 점멸하는 코드를 만들겠습니다.

스위치모드를 라이브로 변경합니다.

블록은 이벤트 블록의 〔깃발을 클릭했을 때〕, 핀 블록의 〔디지털 ◯핀에 high보내기〕, 제어 블록의 〔◯초 기다리기〕와 〔계속 반복하기〕 블록을 사용하여 블록을 만들고 깃발을 클릭하면 아두이노보드에 연결되어 있는 LED가 1초에 1번씩 점멸합니다.

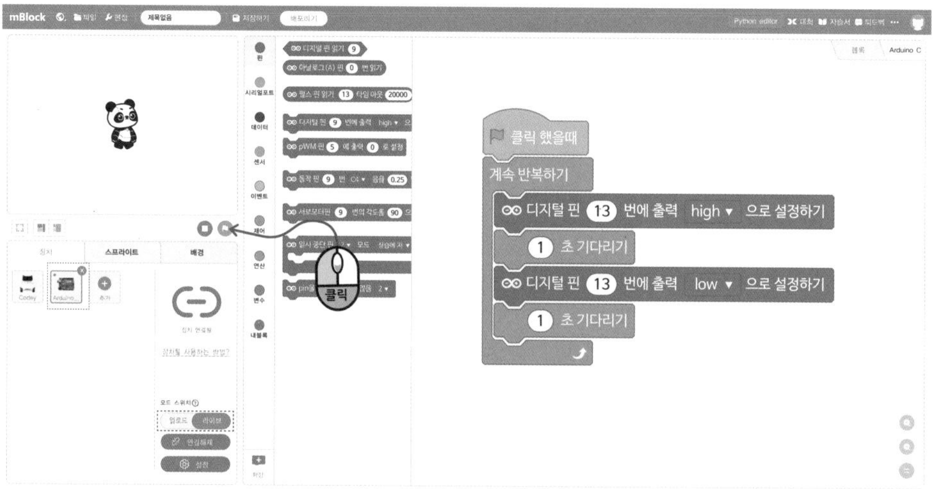


Arduino C코드를 확인하기 위해 스위치모드를 업로드로 변경합니다.

업로드모드에서는 〔깃발을 클릭했을 때〕 블록을 사용할 수 없습니다. 이벤트블록에서 〔arduino Uno가 켜지면〕 블록을 가져와 〔깃발을 클릭했을 때〕과 바꿔줍니다. 그리고 〔〈/〉〕를 클릭합니다.

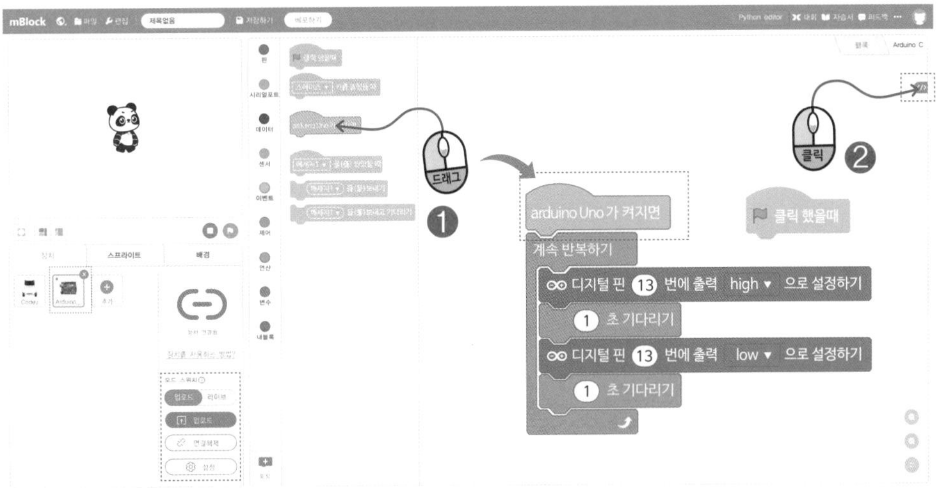


팝업창이 열리고 Arduino C코드로 변환된 코드를 보여줍니다.

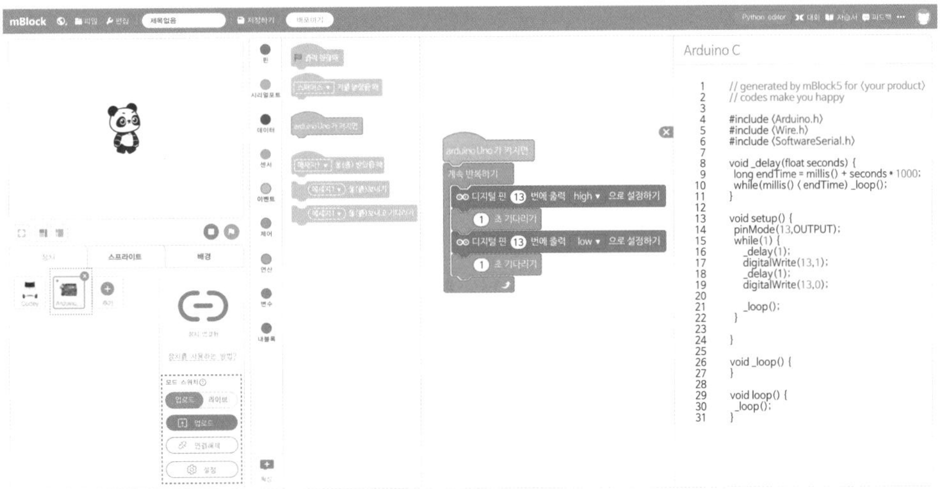


변환된 코드를 Arduino C로 복사하여 사용할 수 있습니다.

# 06 버튼과 플로팅현상

## ■ 버튼의 구조

우리가 사용할 푸쉬버튼은 위에서 보았던 것처럼 4개의 다리와 1개의 버튼으로 구성되어 있습니다. 평소에는 세로로 연결되고, 버튼을 누르면 옆으로도 연결이 되어 4개의 다리가 연결 됩니다.

버튼을 누르지 않았을 때 버튼을 눌렀을 때

그렇다면, 우리가 버튼을 눌렀을 때 어떠한 작동을 하게 하려면 어디에 디지털 핀을 연결해야 할까요? 버튼을 눌렀을 때 디지털 핀에 신호가 들어가야 하기 때문에 아래의 그림처럼 5V가 연결된 다리의 옆쪽에 연결해야 합니다. 디지털 핀을 연결할 때는 내가 만드는 회로의 위치에 따라 위 또는 아래에 연결해도 상관없습니다.

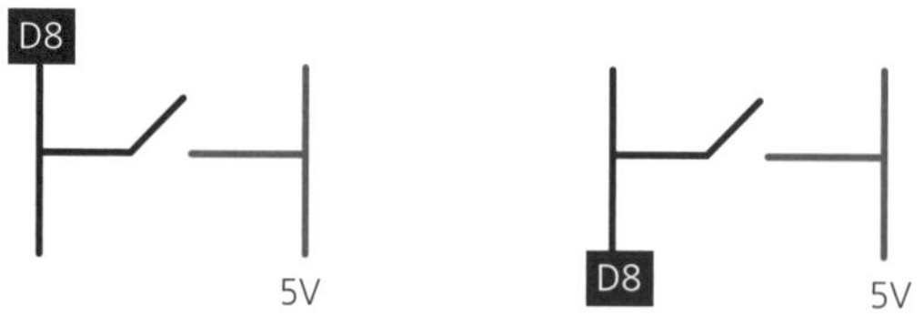


브레드보드와 버튼을 이용하여 회로를 만들어보도록 하겠습니다. 한쪽에는 우노보드의 5V와 연결하고, 5V와 연결된 다리의 대각선 쪽에는 디지털 8핀과 연결합니다.

디지털 핀은 전기 신호가 들어오면 1을 출력하고 들어오지 않으면 0을 출력합니다.

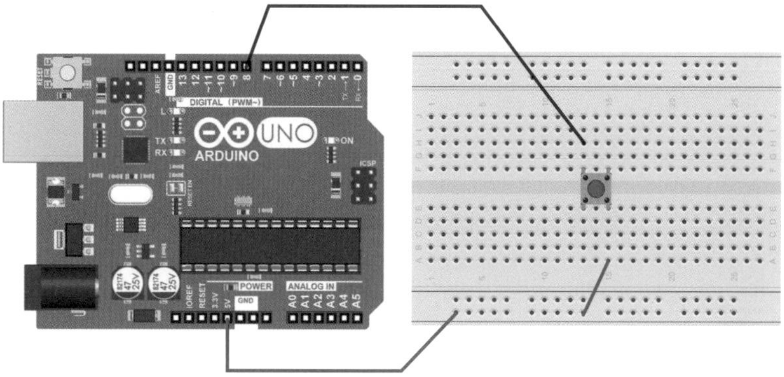


버튼과 우노보드를 연결한 후 변수를 이용하여 버튼을 눌렀을 때 1이 나오고 누르지 않았을 때는 0이 나오는지 알아보겠습니다.

우노보드를 컴퓨터와 연결하고 모드 스위치를 라이브로 설정합니다.

변수에 대한 설명은 뒷부분에서 좀 더 설명하도록 하고 변수 블록에서 〔변수 만들기〕를 클릭하면 이름을 정할 수 있는 창이 나옵니다. 변수의 이름은 자기가 원하는 이름으로 만들어도 되지만 가능한 시간이 지나도 알아볼 수 있도록 만들어 주는 것이 중요합니다. 버튼을 눌렀을 때의 값을 담을 변수이기 때문에 '버튼'이라고 변수를 만듭니다.

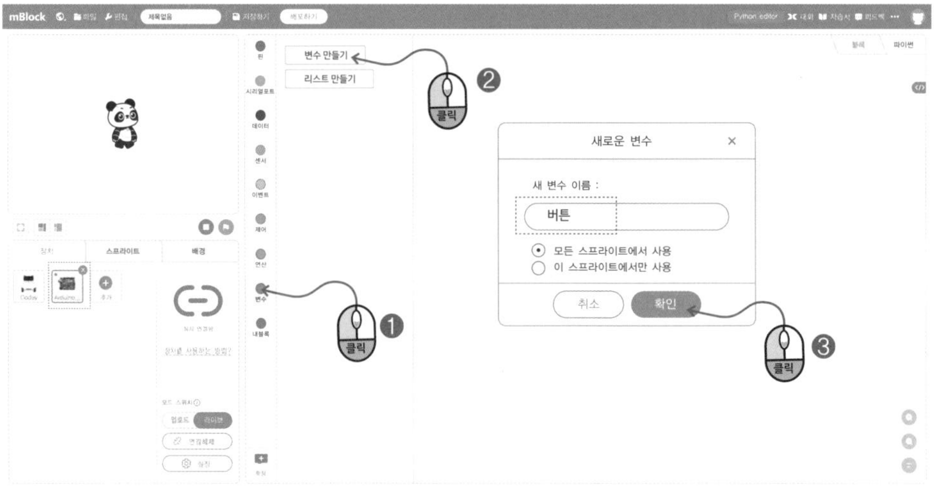


변수를 만들었다면 이제 블록들을 쌓아 완성해보도록 하겠습니다.

'깃발을 클릭했을 때'작동이 되도록 이벤트 블록에서 〔깃발을 클릭했을 때〕를 가져옵니다.

버튼을 이용하여 디지털 8핀으로 들어오는 값을 계속적으로 관찰하기 위해 제어 블록에서〔계속 반복하기〕를 가져옵니다.

변수 블록에서 〔버튼을 ◯으로 설정하기〕블록을 가져오고 핀 〔디지털 핀 읽기 ◯〕블록을 가져와 결합합니다. 〔디지털 핀 읽기 ◯〕블록안의 원안에는 숫자 8을 입력합니다. 숫자 8은 아두이노 디지털 8번 핀을 의미합니다.

변수 블록 안에 만들어진 〔버튼〕 블록 옆의 작은 박스를 체크하면 무대에 버튼 박스가 생성되어 버튼의 상태를 알 수 있으며 체크를 해제하면 보이지 않게 됩니다.

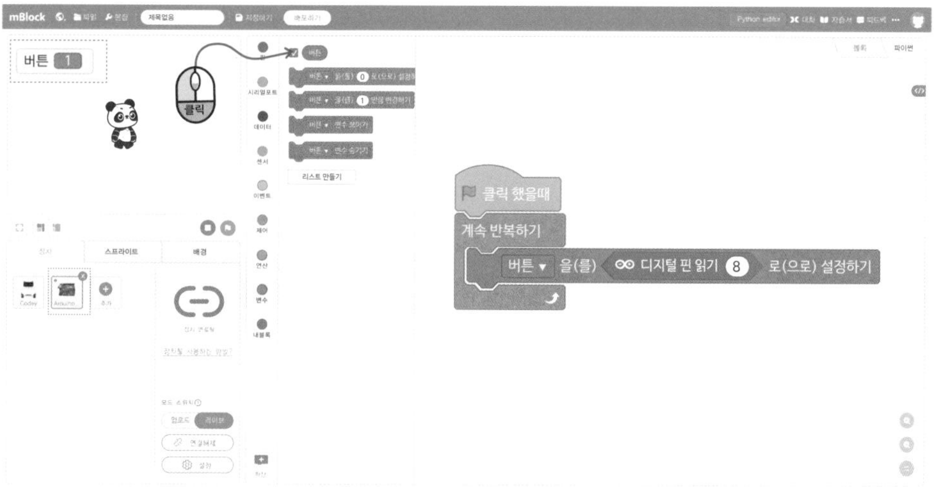


블록을 완성하거나 변경한 다음에는 반드시 〈펌웨어 업데이트〉를 해야 합니다. 〈펌웨어 업데이트〉는 블록이 만들어졌으니 적용하라는 의미입니다. 〈펌웨어 업데이트〉를 하지 않으면 먼저 작업했던 내용이 남아있어 오작동할 수 있습니다. 〈설정〉 → 〈펌웨어 업데이트〉을 선택하여 블록을 적용합니다.

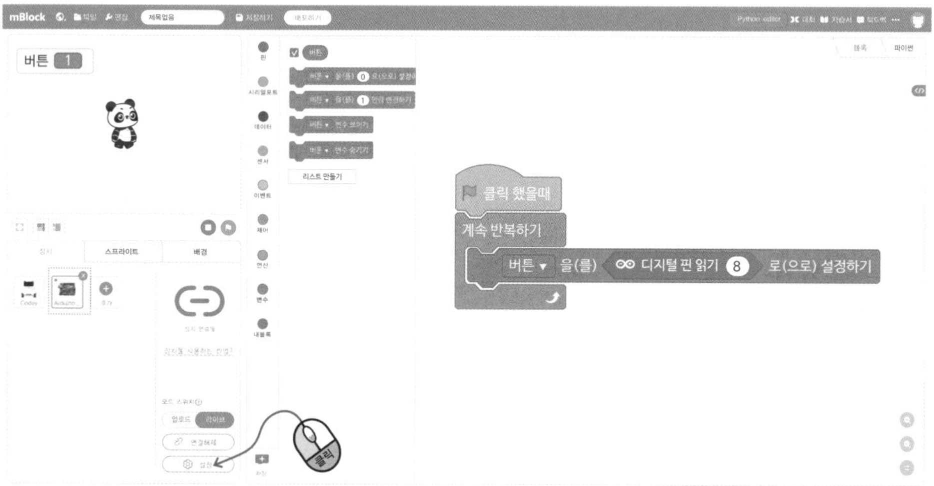

〈펌웨어 업데이트〉가 끝나면 장치가 분리되므로 장치를 다시 연결해야 합니다.

장지를 다시 연결하고 깃발을 클릭하면 버튼을 통하여 디지털 8핀에 들어온 값은 무대의 판다의 왼쪽 위에서 관찰할 수 있습니다. 우리가 원하던 결과는 버튼을 눌렀을 때는 1, 누르지 않았을 때는 0이 나와야 합니다.

버튼을 눌렀을 때는 1이 잘 나오지만, 버튼을 누르지 않았을 때는 어떤가요? 0이 계속해서 나오지 않고 1,0이 무작위로 나오는 것을 볼 수 있습니다. 이러한 현상이 왜 생길까요?

## ■ 버튼의 사용법과 플로팅현상

버튼을 연결하였을 때 0과 1이 계속해서 번갈아 나오는 것을 보았습니다. 결과부터 말하자면 '플로팅 현상'때문에 생긴 결과입니다. 플로팅(Floating)은 '떠있다, 부유하는, 미끄러지는, 유동적인'이라는 뜻을 가지고 있는 단어입니다.

'플로팅 현상'은 우리 눈에는 보이지 않지만, 아두이노 보드 주위에 떠다니는 전자로 인해 발생됩니다. 이러한 전자들이 디지털 8번 핀과 연결된 선을 타고 들어오는 경우가 있는데 이것을 '노이즈'라고 합니다. 이 노이즈 때문에 디지털 8번 핀에 신호가 들어갈 수도 있고 안 들어갈 수도 있기 때문에 1과 0이 번갈아 나왔던 것입니다. 이렇게 1도 아니고 0도 아닌 값이 들어가는 것을 떠있다고 하여 플롯(float)상태 라고도 합니다.

플로팅 현상을 시각적으로 확인하기 위해 LED를 사용해 보겠습니다.

푸쉬버튼을 디지털 8번핀과 연결하고 디지털 8핀에 들어온 신호에 따라 디지털 2번 핀에 연결되어 있는 LED가 켜지고 꺼지는 회로도입니다.

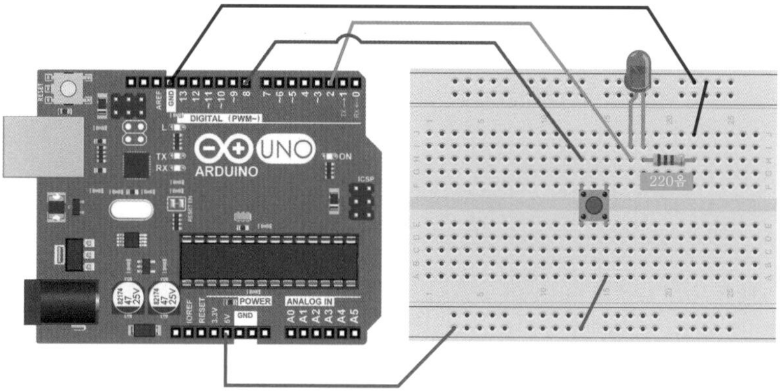


코드는 제어 블록의 〔만약 ~가 참이면 아니면〕이라는 블록을 사용합니다. 조금 더 이해하기 쉽게 '만약 (조건) 가 참이면 A 아니면 B'라고 하겠습니다. 이 블록은 들어가는 조건이 참이면 A 코드를 실행하고 조건이 참이 아니면(거짓이면) B를 실행하는 블록입니다.

〔디지털 핀 읽기 8〕블록을 '버튼'이라는 변수에 넣고, '버튼'변수 안에 있는 값이 1이라면 디지털 2핀 high로 설정을 합니다.

2번 핀을 high로 설정하게 되면 2번과 연결된 LED가 켜지게 됩니다. 반대로 '버튼'에 들어있는 값이 0이라면 2번 핀을 low로 설정하게 되어 LED가 꺼지게 되도록 만든 코드입니다.

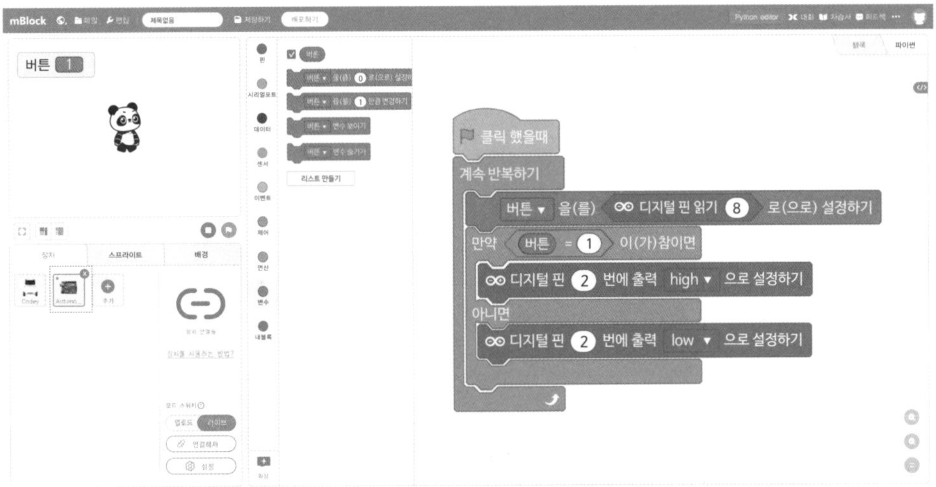


생각했던대로 작동하도록 코드를 만들었지만, 깃발을 클릭하면 '플로팅 현상'때문에 LED가 무작위로 깜박거리는 것을 확인할 수 있습니다. 이런 방법으로 작품이나 로봇을 만든다면 우리가 원할 때 작동하지 않거나, 위험한 상황이 발생할 수도 있습니다. 그렇다면 플로팅 현상을 없애려면 어떻게 해야 할까요?

# 07 풀다운 저항과 풀업 저항

플로팅 현상이 발생하면 내가 원하는 방향으로 작동하지 않을 수 있기 때문에 플로팅 현상을 없애는 것이 중요합니다.

플로팅 현상으로 발생하는 오작동을 없애기 위해 '풀다운(Pull - Down) 저항'과 '풀업(Pull - Up) 저항'을 사용합니다.

## ■ 풀다운 저항

Pull - Down은 '아래쪽으로 당긴다.'라는 뜻입니다. 누르지 않을 때는 계속해서 아래쪽 0으로 만들어준다는 뜻입니다. 그렇기 때문에 우리가 버튼을 누를 때만 1이 되고 누르지 않을 때는 0이 됩니다.

풀다운 저항을 하는 방법은 아래의 그림과 같이 디지털 8핀과 연결된 다리의 맞은편에 저항을 꽂고 GND(-)로 연결하면 됩니다.

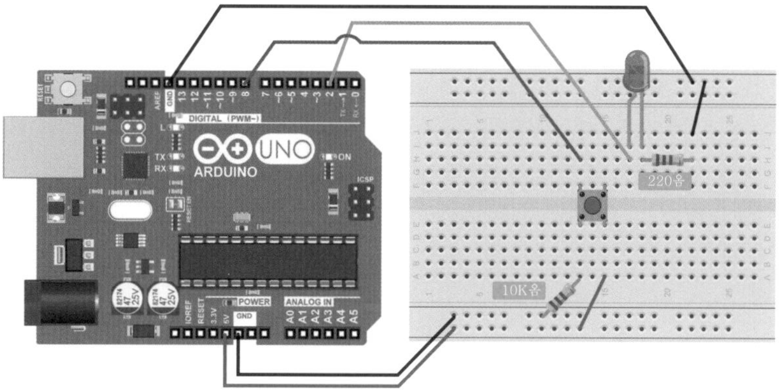

회로도를 완성한 후에 다시 코드를 작동시키면, 버튼을 누를 때만 LED의 불빛이 켜지는 것을 볼 수 있습니다. 저항과 GND(-)를 연결시킨 것 밖에 없는데 어떻게 플로팅 현상을 해결할 수 있었을까요?

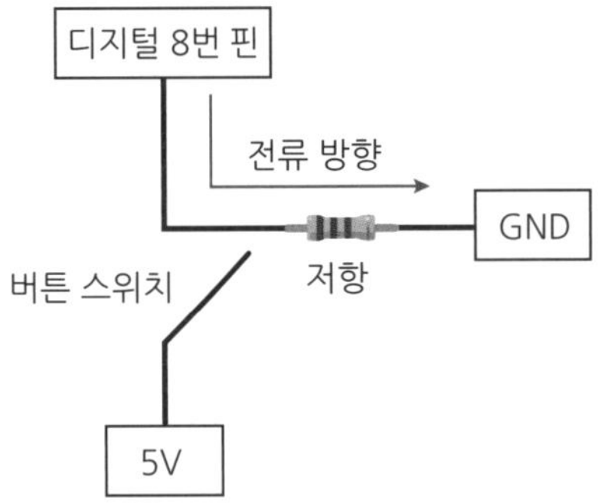


[버튼을 안 눌렀을 때]

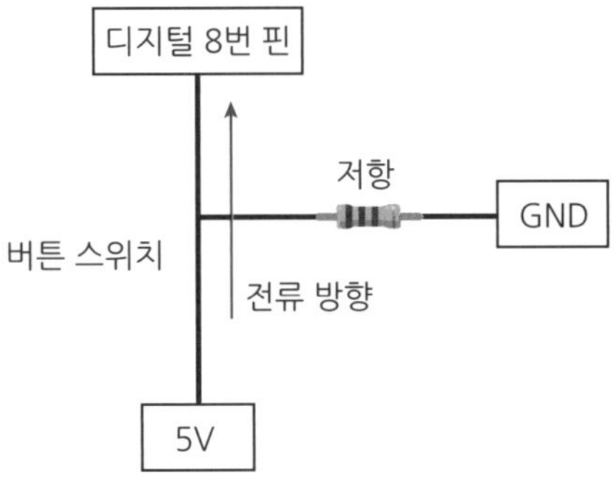


[버튼을 눌렀을 때]

위의 그림은 풀다운 저항을 사용할 때 전류의 방향을 알아보기 위한 그림입니다. 버튼을 누르지 않았을 때는 5V와 디지털 8번 핀이 연결되어 있지 않습니다. 그렇기 때문에 입출력 핀에서 흐르는 전류는 GND(-)로 흐르게 됩니다. 그러므로 디지털 8번 핀은 0이 출력이 됩니다.

반대로 버튼이 눌렸을 때는 5V와 디지털 8번 핀이 연결됩니다. 물론, GND(-)도 연결되지만 GND(-)로 가기 전에 저항이 있으므로 저항이 있는 곳으로 흐르지 않고 디지털 8번 핀으로 흐르게 되어 1을 출력하게 됩니다.

## ■ 풀업 저항

**Pull-Up**은 '위쪽으로 당긴다.'라는 뜻입니다. 풀다운 저항과는 반대로 누르지 않았을 때는 계속해서 1이고, 버튼을 눌렀을 때는 0이 됩니다.

풀업 저항을 하는 방법은 아래의 그림과 같이 5V쪽에 저항을 달아주고 5V와 같은 라인에 디지털 8핀을 연결합니다.

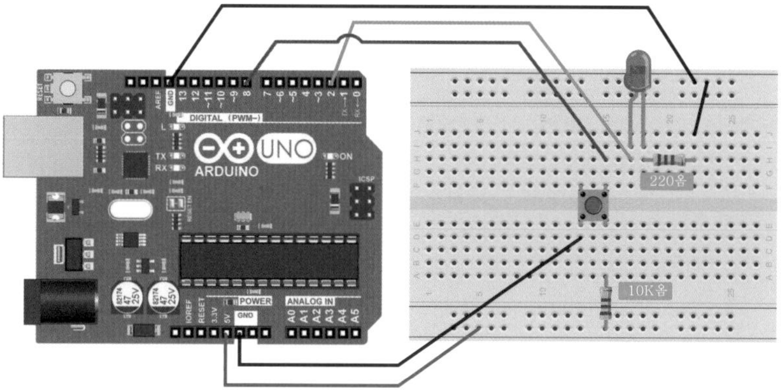


풀업 저항은 버튼을 누르지 않을 때는 1이기 때문에 코드의 수정이 필요합니다. 코드를 수정하지 않고 풀다운 저항을 이용할 때의 코드를 사용한다면 계속해서 LED가 켜져있다가 버튼을 누르게 될 때만 LED가 꺼지게 됩니다.

버튼을 누를 때만 LED를 켜지게끔 만들 것이기 때문에 〈버튼 = 1 이(가) 참이면〉 부분에서 '버튼 = 1'을 '버튼 = 0'으로만 바꿔주면 됩니다.

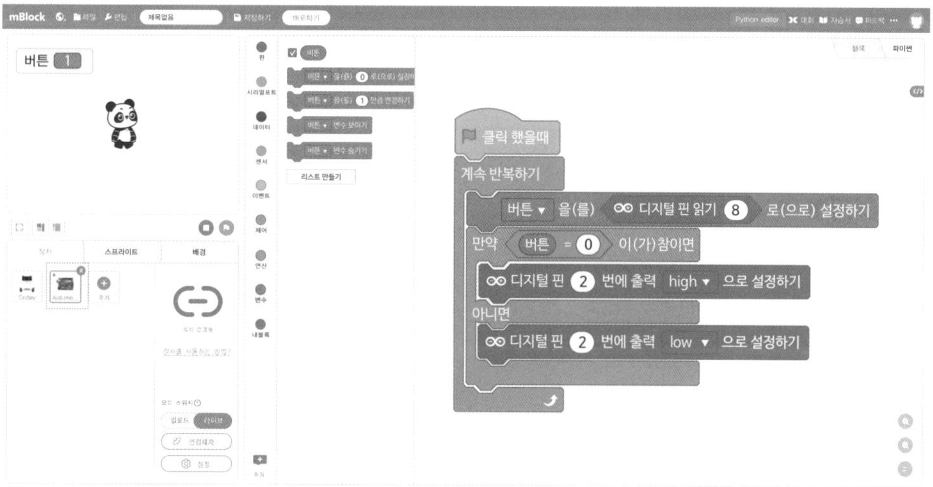

풀업 저항 방식은 버튼을 누르지 않을 때는 5V와 디지털 8핀이 같은 라인에 있기 때문에 계속해서 1이 됩니다. 반대로 버튼을 누를 때에는 5V와 디지털 핀이 둘 다 전압이 가장 낮은 GND에 연결되어있어 디지털 8핀으로 흐르는 전류가 없기 때문에 디지털 핀의 값은 0이 됩니다.

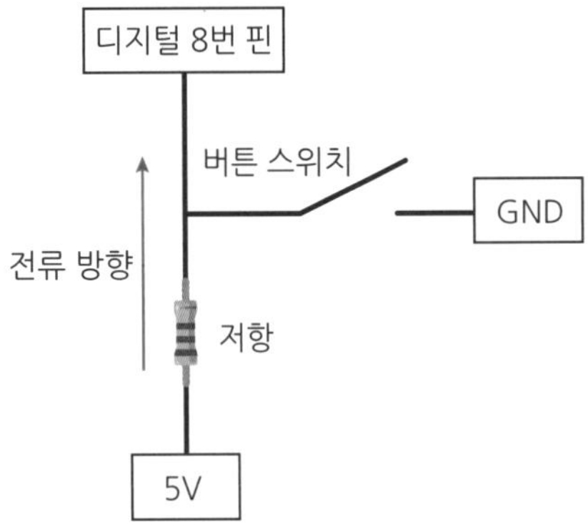


[버튼을 안 눌렀을 때]

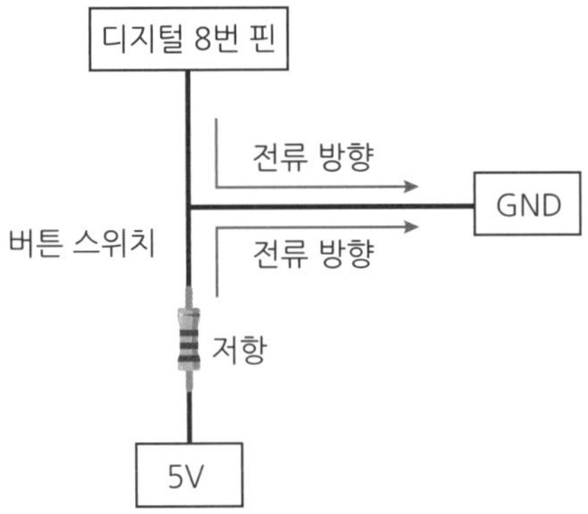


[버튼을 눌렀을 때]

만약 아래의 그림과 같이 저항을 사용하지 않고 점퍼케이블로 연결하고 버튼스위치를 누르면  5V에서 바로 그라운드(GND)로 연결됩니다.

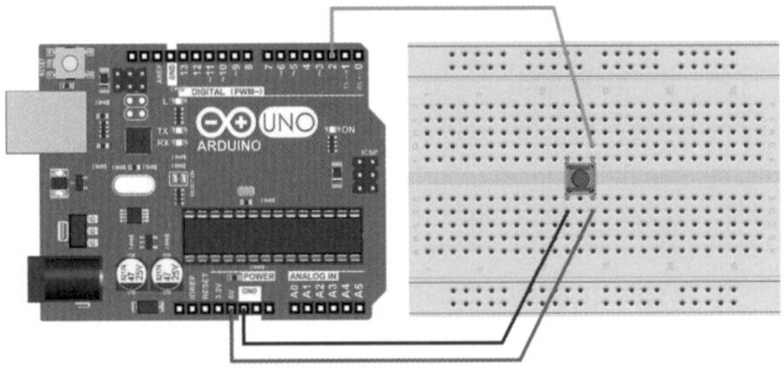


이것을 합선 되었다고 합니다. 플러스 극와 마이너스 극을 직접 연결하면 선이 점점 뜨거워지면서 결국 녹아버립니다.

이렇게 되는 이유는 순간적으로 너무 많은 전류가 플러스 극에서 마이너스 극으로 흐르기 때문입니다. 전류는 전자가 흐르는 것입니다. 전자가 전선을 타고 흐를 때 서로 부딪치면서 열이 납니다. 그런데 너무 큰 전류가 흐르면 엄청난 전자가 흐르게 되고 열이 나서 뜨거워집니다. 그래서 합선되면 큰불이 나는 경우가 있습니다.

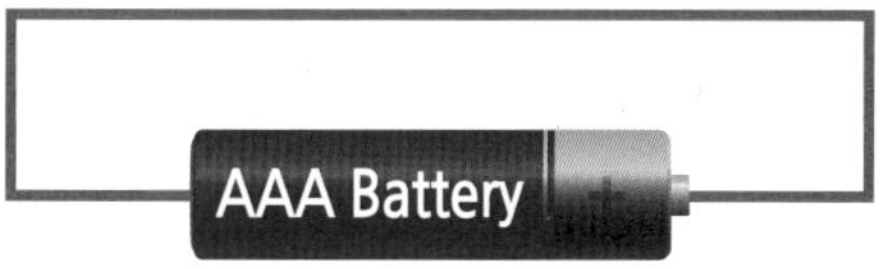


그래서 저항 없이 회로도를 만들고 푸쉬버튼을 누르면 운이 나쁘면 아두이노 보드가 고장 날 수 있습니다. 더 운이 나쁘면 아두이노와 연결해 놓은 컴퓨터의 USB 장치나 컴퓨터까지 망가질 수 있습니다.

아두이노로 작품을 만들 때는 반드시 이런 전자회로 지식을 알고 있어야 합니다.

ON
ON
ON
ON
3D

# Think outside the box

## Chapter 04
## 광섬유로 스파클링 분수 만들기

1. 광섬유
2. RGB LED
3. RGB LED 켜기
4. 스파클링 분수 만들기
5. RGB색상 중 1개를 이용하여 코딩하기
6. RGB색상을 혼합하여 코딩하기
7. 다양한 RGB 색상 패턴 만들어 출력하기

## 01 광섬유

광섬유란 빛의 전달을 목적으로 유리 또는 다른 투명한 물질로 만든 섬유입니다.

광섬유는 광학섬유(Optical fiber)라고도 합니다. 빛을 전송할 때는 광 손실을 줄여야 하므로 투명도가 높은 재료가 필요합니다. 그래서 광섬유에는 고순도의 석영이나 광학적 성질이 우수한 고분자 재료가 쓰입니다.

광섬유의 중심에는 굴절률이 높은 코어(core)가 있고, 굴절률이 작은 클래딩(cladding)이 코어를 감싸고 있으며, 전체를 합성수지로 덮어 보호하고 있습니다.

광섬유 코어의 한쪽 끝에 들어온 빛은 코어와 클래딩의 경계면에서 전반사를 계속하여 전달됩니다.

광섬유가 휘어져 있어도 빛은 내부 전반사를 통하여 안쪽 벽면을 따라 반사되기 때문에 반대쪽까지 빛이 잘 전달됩니다.

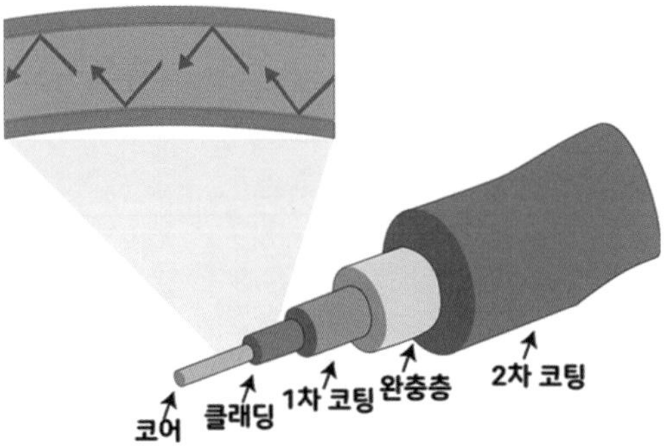


빛은 전파보다 주파수가 더 크기 때문에 통신에 빛을 사용하면 전파를 사용하는 것보다 같은 시간에 더 많은 정보를 보낼 수 있습니다. 이 때문에 광섬유를 통신에 이용하려는 노력이 매우 활발합니다.이러한 장점이 있어 광섬유는 장식용 램프, 내시경이나 광통신 등에 널리 쓰입니다.

## 02 RGB LED



### ■ RGB LED란?

RGB LED를 사용하기 전에 RGB가 무엇인지 알아볼 필요가 있습니다.

RGB는 Red의 'R', Green의 'G', Blue의 'B'의 약자입니다.

RGB는 빛의 삼원색이라고도 하는데, 빨간색, 녹색, 파란색을 섞어 영상이나 이미지를 표현하는 방식을 말합니다.

빨간색(R)과 초록색(G)을 섞으면 황색, 빨간색(R)과 파란색(B)을 섞으면 붉은 보라색, 파란색(B)과 초록색(G)을 섞으면 청록색을 얻을 수 있게 됩니다. 빨간색(R), 초록색(G), 파란색(B)을 모두 섞으면 흰색이 나오고 세 가지 색 중 아무 색도 비추지 않으면 검은색으로 표현됩니다.

빛으로 나타내는 색은 RGB 세 가지의 색만으로 모든 색상을 다 표현할 수 있습니다.

RGB LED는 1개의 LED로 RGB 색상을 표현할 수 있습니다.

RGB LED는 Cathode 방식과 Anode 방식 2가지가 있습니다. Cathode 방식은 '공통음극 방식'이고, Anode 방식은 '공통양극 방식'입니다. LED의 4개의 다리 중 가장 긴 다리가 공통적으로 '-'인지 '+'인지에 따라 구별됩니다.

위 그림의 LED는 Cathode 방식입니다. 두 번째 다리(제일 긴 다리)가 '공통음극'입니다. 제일 왼쪽 첫 번째 다리는 'R', 두 번째는 '-', 세 번째는 'G', 네 번째는 'B'색상을 표현하는데 사용됩니다.

## 03 RGB LED 켜기

### ■ 회로도 구성하기

RGB LED와 저항을 사용한 회로도입니다.

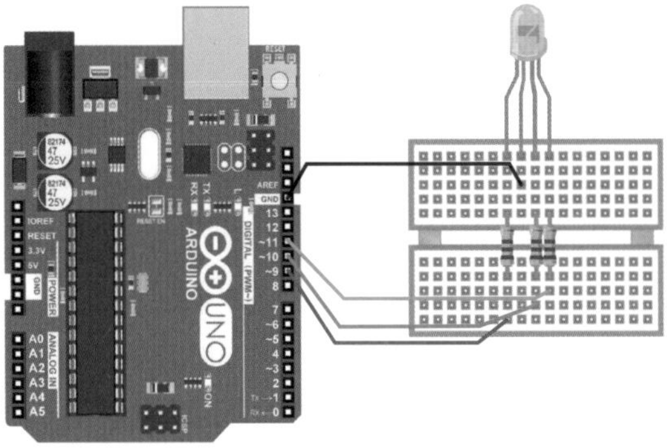

브레드보드를 사용하여 9번 핀에는 Red, 10번 핀에는 Green, 11번 핀에는 Blue를 연결하고 GND(-)는 왼쪽에서 두 번째 핀에 연결했습니다. R, G, B핀에는  LED를 보호하기위해 저항을 사용하여 연결합니다.

### ■ 블록 만들기

Red와 관련된 LED를 우노보드의 디지털 9핀에 연결했습니다. 코드는 깃발을 클릭했을 때 LED에 빨간색이 1초 간격으로 점멸하도록 만들겠습니다.

블록은 이벤트 블록의 〔깃발을 클릭했을 때〕, 핀 블록의 〔디지털 ◯핀에 high 보내기〕, 제어 블록의 〔◯초 기다리기〕와 〔계속 반복하기〕 블록을 사용합니다.

블록을 완성하거나 변경한 다음에는 반드시 〈펌웨어 업데이트〉를 해야 합니다. 〈펌웨어 업데이트〉는 블록이 만들어졌으니 적용하라는 의미입니다. 〈펌웨어 업데이트〉를 하지 않으면 먼저 작업했던 내용이 남아있어 오작동할 수 있습니다. 설정을 선택합니다.

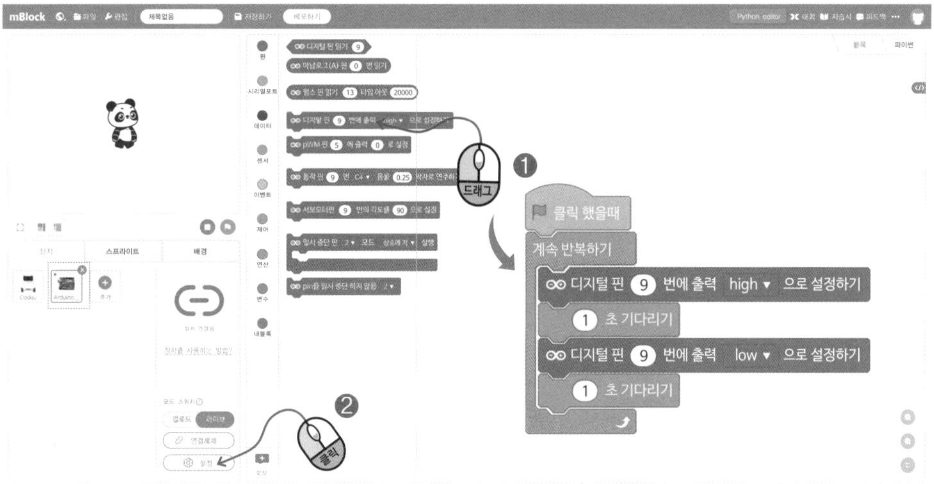


〈펌웨어 업데이트〉를 선택하고 진행합니다. 〈펌웨어 업데이트〉가 끝나면 장치가 분리되므로 장치를 다시 연결해야 합니다.

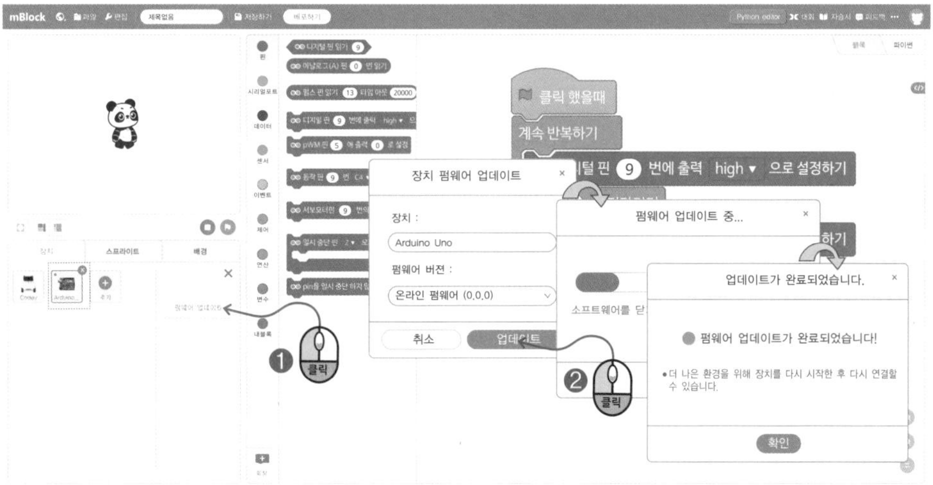

다시 장치를 연결하고 깃발을 누르거나 〔깃발을 클릭 했을 때〕 블록을 선택하면 RGB LED 에 빨간색 불이 1초 간격으로 점멸합니다.

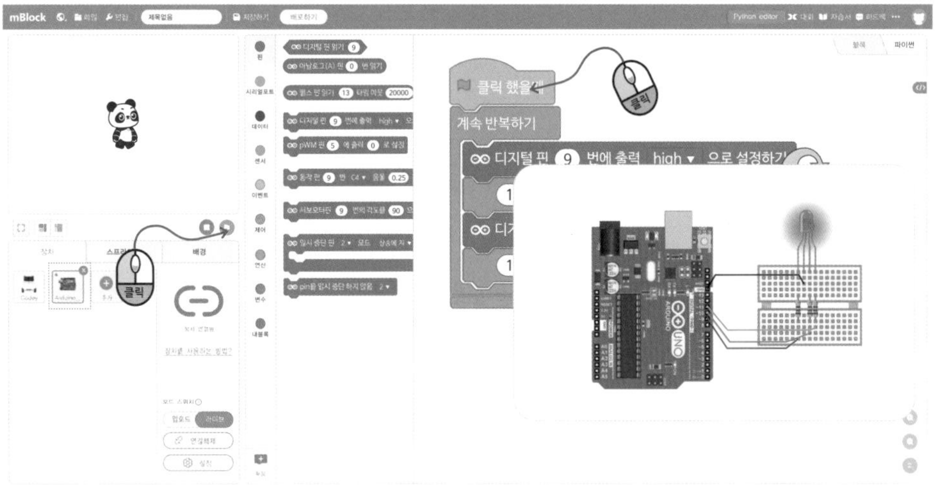


〈라이브〉에서 9번 핀에 전류를 보내 LED의 빨간색이 1초 간격으로 점멸하는 것을 확인하였습니다. 아두이노 보드에 프로그램을 업로드하면 아두이노와 컴퓨터의 연결을 해제한 후에도 프로그램이 작동합니다. 프로그램을 업로드 하기위해 〈업로드〉버튼을 선택합니다. 〔깃발을 클릭했을 때〕 블록이 사용할 수 없는 블록으로 변경됩니다.

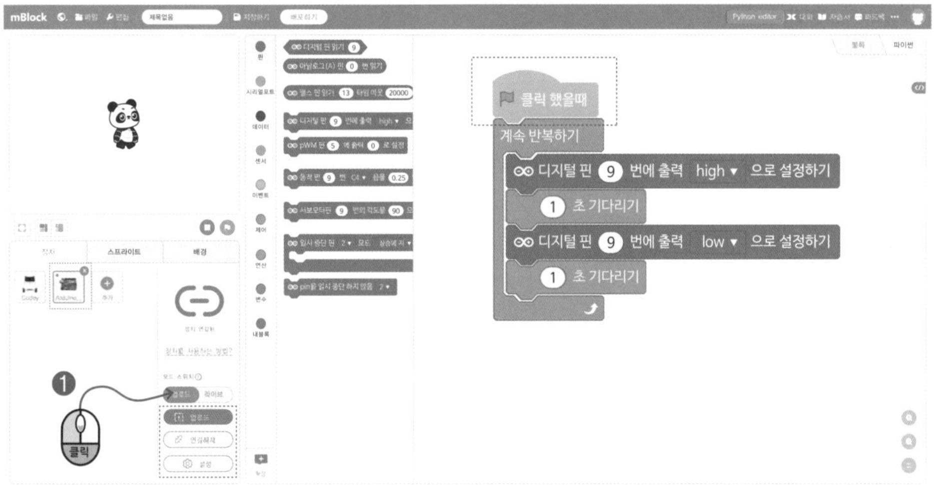

업로드 모드에서는 〔깃발을 클릭했을 때〕 블록을 사용할 수 없습니다. 이벤트를 선택하고 〔arduino Uno가 켜지면〕 블록을 가져와 결합합니다.

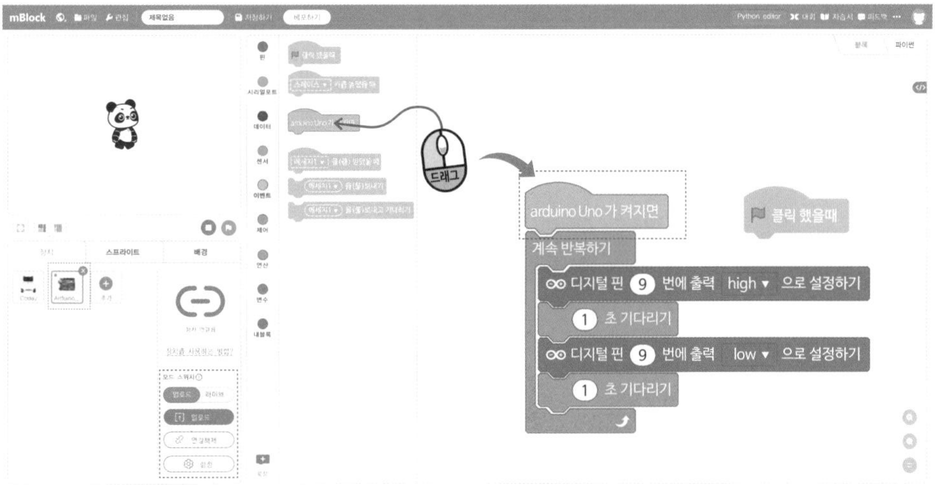


〈업로드〉버튼을 클릭하면 업로드 창이 열리고 업로드합니다.

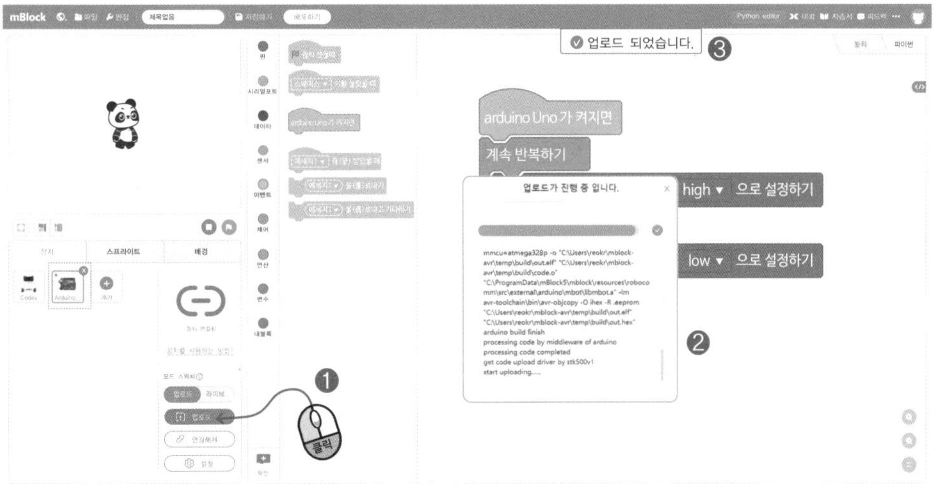

컴퓨터와 분리하고 배터리 팩의 (+)은 아두이노 보드의 5V와 (-)는 GND에 연결하면 우리가 코딩한대로 LED의 빨간색이 1초 간격으로 점멸합니다.

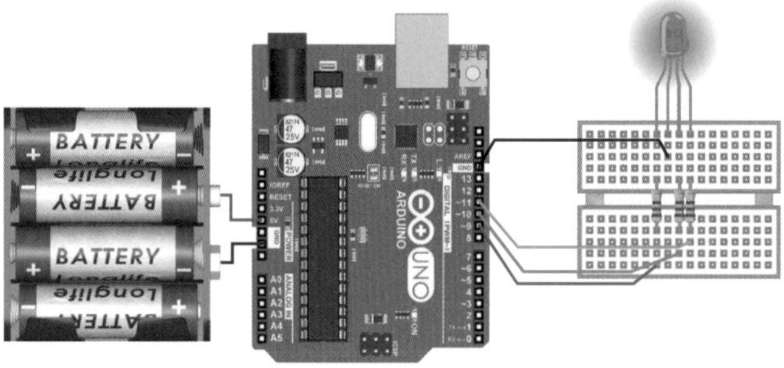


Green과 Blue도 켜보겠습니다. Green은 디지털 10번 핀에 연결했고, Blue는 디지털 11번 핀에 연결했습니다.

디지털 9핀에 켜짐 보내기'를 한 후에 '디지털 10핀에 켜짐 보내기' 하면 R+G를 섞은 색이 나오고, 그다음에 '디지털 11핀에 켜짐 보내기'를 하면 R+G+B를 섞은 흰색이 나옵니다. 전에 켰던 디지털 9번 핀, 10번 핀이 꺼지지 않은 상태에서 '11핀 켜짐 보내기'를 했기 때문입니다. 색이 섞이지 않고 한가지 색만을 켜기 위해서는 다른색의 핀은 꺼짐으로 해야합니다.

Red 켜짐

Green켜짐

Blue켜짐

## 04 스파클링 분수 만들기

LED와 광섬유를 이용하여 빛이 나는 스파클링 분수를 만들겠습니다.

준비물은 아래 그림과 같습니다.

광섬유

고무찰흙

우노보드

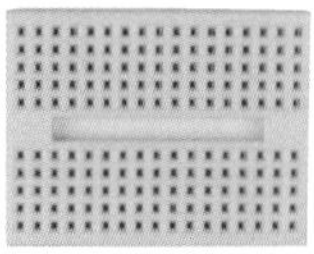

미니 브레드보드

배터리 팩

건전지

RGB LED

열 수축 튜브

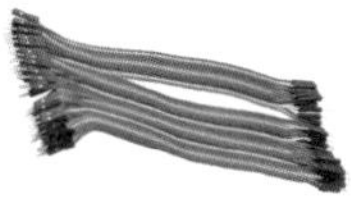

점퍼케이블(수수)

토글스위치

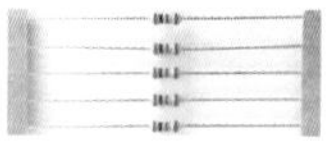

220옴 저항

### 준비물

광섬유(1㎜×7m), 고무찰흙, 우노보드 1개, 미니 브레드보드 1개, 수수케이블 6개, 220Ω 저항 3개, 6V 배터리 팩 1개, AA 건전지 4개, 열수축 튜브 1개(안지름 6mm), RGB 3색 LED 1개(공통 음극), 토글스위치 1개, 순간접착제(있으면 사용), 헤어 드라이기 또는 라이터

1 광섬유를 니퍼나 가위를 이용하여 자릅니다. 자른 광섬유의 개수는 32~34개 정도가 좋습니다.

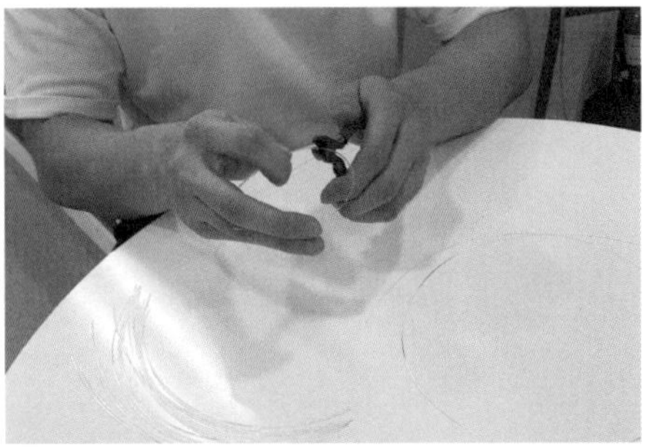

2 가위로 광섬유에 흠집을 내줍니다.

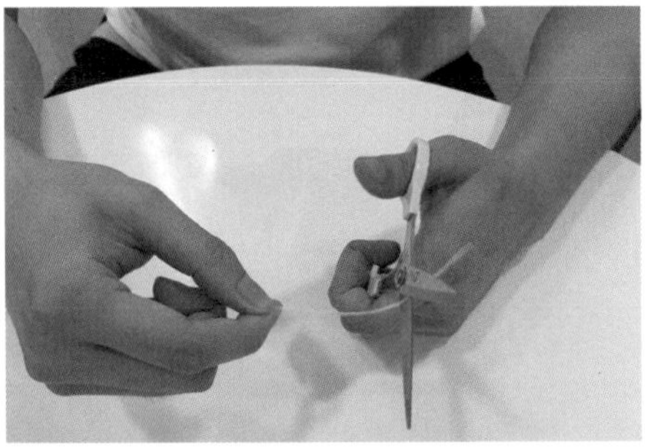

3 광섬유를 열수축 튜브에 넣습니다. 광섬유를 넣을 때, 열수축 튜브로 들어가는 쪽의 광섬유 끝을 잘 맞춰 넣어야 LED 빛이 잘 전달됩니다.

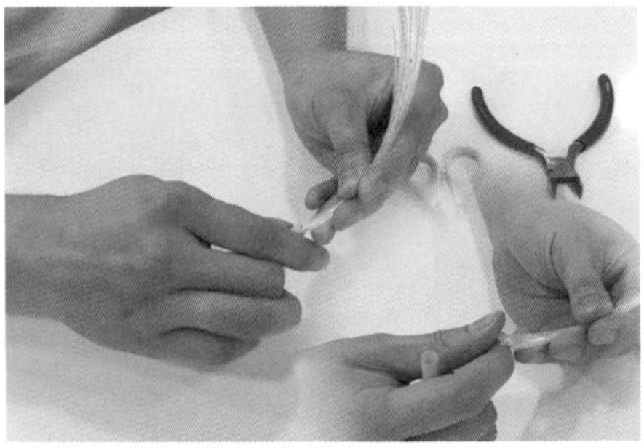

4 열수축 튜브에 넣은 광섬유 끝을 움직이지 않게 한 손으로 잡고 다른 한 손으로는 광섬유를 예쁘게 펴줍니다.

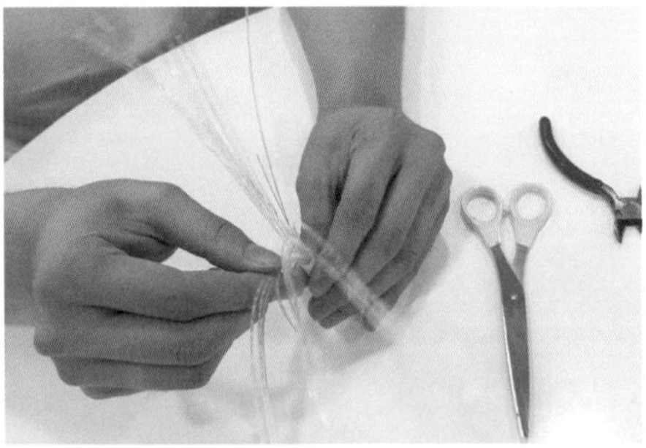

5 광섬유를 편 후에는 움직이지 않게 순간접착제를 광섬유 다발 사이에 2~3방울 떨어뜨려 고정합니다.

*순간접착제를 사용할 때는 손에 묻지 않게 조심해야 합니다.

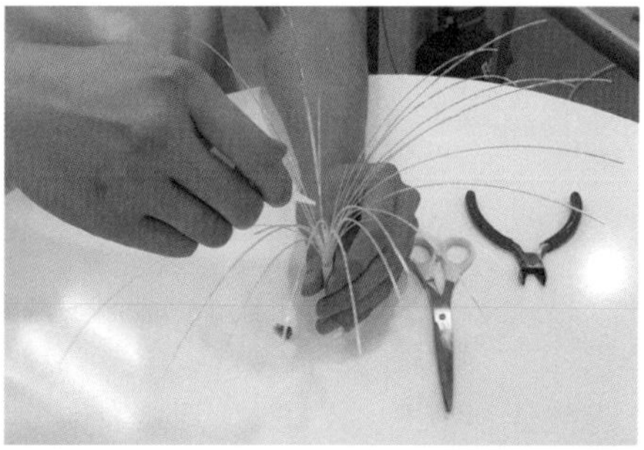

6 드라이기나 라이터를 이용해 열수축 튜브가 광섬유 다발을 고정할 수 있게 수축시킵니다. 열을 가할 때 접착제가 녹아 반대쪽으로 흘러내릴 수 있으므로 반대쪽을 조심히 살펴보면서 수축시킵니다. 라이터를 사용하는 경우에는 불이 붙을 수 있으니 주의해야 합니다.

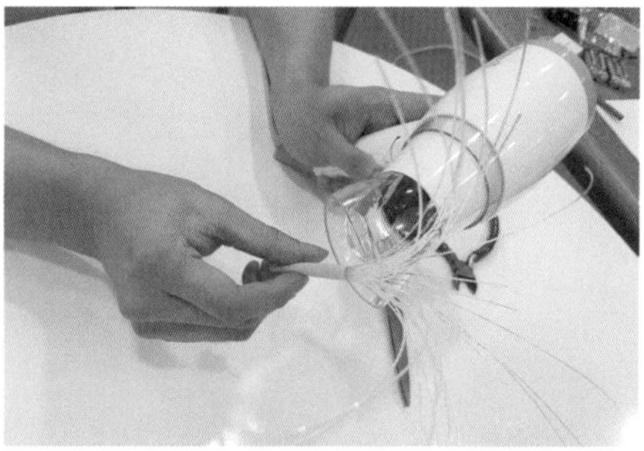

7 광섬유와 열수축 튜브를 잘 고정했으면 반대쪽에는 RGB LED를 광섬유 다발에 닿을 때까지 밀어 넣어줍니다.

열수축 튜브가 너무 길어 LED의 다리가 나오지 않으면 열수축 튜브를 잘라줍니다.

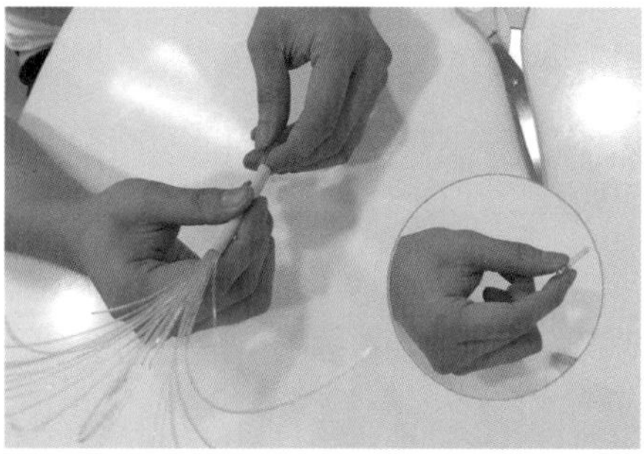

8 광섬유 다발 크기에 맞게 튜브를 열 수축했던 것처럼, LED 크기에 맞게 드라이기나 라이터를 이용하여 열 수축시킵니다.

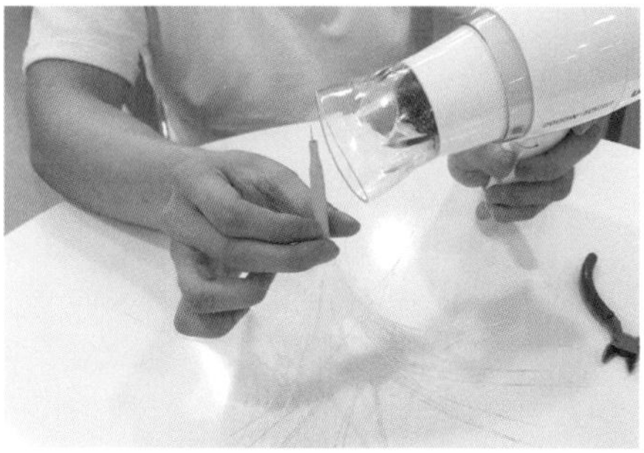

9 미니 브레드보드에 RGB LED를 연결하고 R, G, B 다리에 저항(220Ω)을 연결합니다.

10 점퍼케이블을 연결합니다.
LED는 오른쪽부터 Red, GND, Green, Blue입니다.

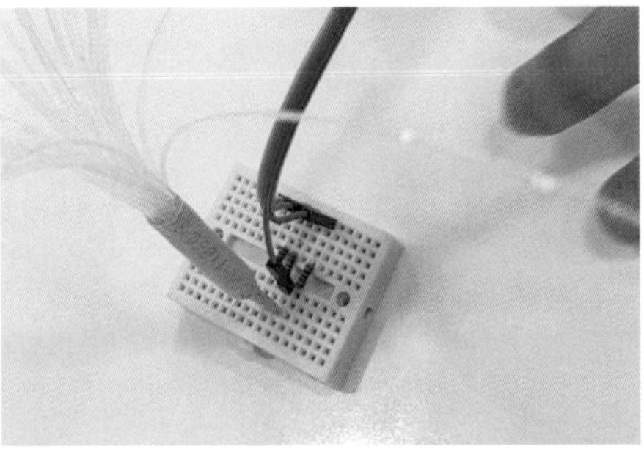

11 Red는 디지털 9번 핀에, Green은 디지털 10번 핀, Blue는 디지털 11번 핀에 꽂아줍니다.
LED의 GND는 우노보드의 GND에 연결합니다.

12 고무찰흙을 이용하여 광섬유를 붙인 열수축 튜브가 쓰러지지 않게 고정합니다.

⑫ 배터리팩의 +선(빨간색)을 우노보드의 5V에 −선(검정색)을 GND에 연결합니다.

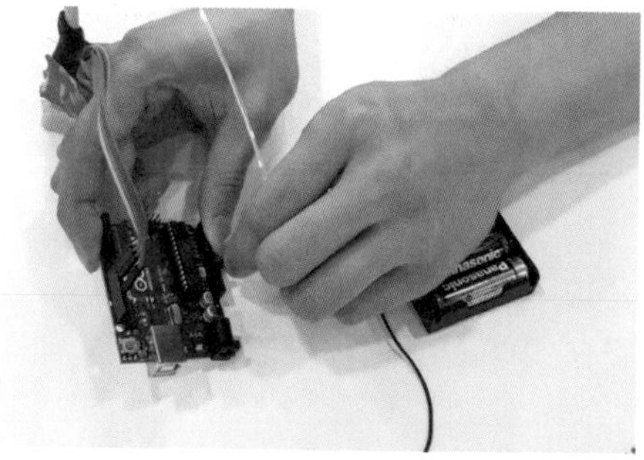

⑬ 스파클링 분수 완성!

## 05 RGB색상 중 1개를 이용하여 코딩하기

RGB LED의 한가지 색만을 켜는 코딩은 간단하지만 여러가지 색을 조합하여 나타내는 코딩은 변수, 비교연산, 난수, PWM핀을 사용하여 만들어야합니다.

### ■ 변수 만들기

변수는 내용이 변경될 수 있는 어떤 공간을 의미합니다.

RGB LED에 여러색이 나타나기 위해서는 Red, Green, Blue 색의 밝기가 바뀌면서 동시에 나타나야 합니다. 〔변수〕 블록에서 〔변수 만들기〕를 선택합니다.

R, G, B 변수를 만듭니다.

변수옆의 사각박스를 체크하면 무대에 변수가 나타나며 오른쪽 마우스 변수를 클릭하여 이름을 수정하거나 삭제할 수 있습니다.

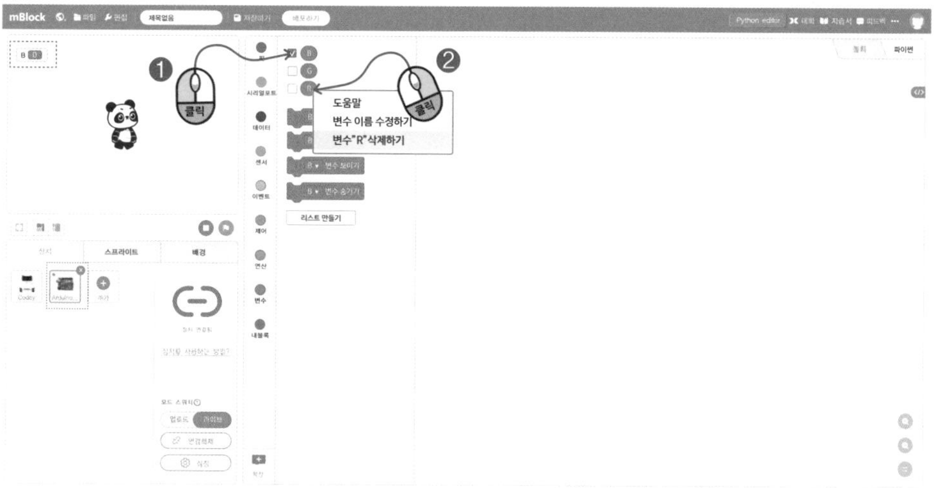


처음에는 LED가 꺼져 있는 상태로 만들 것이기 때문에 〔변수〕에서 〔~을 ◯으로 설정하기〕블록을 가져와서 설정하는 숫자 값을 0으로 바꿉니다.. 밝기는 계속해서 변해야 합니다. 〔제어〕에서 〔계속 반복하기〕 블록을 가져와 결합합니다.

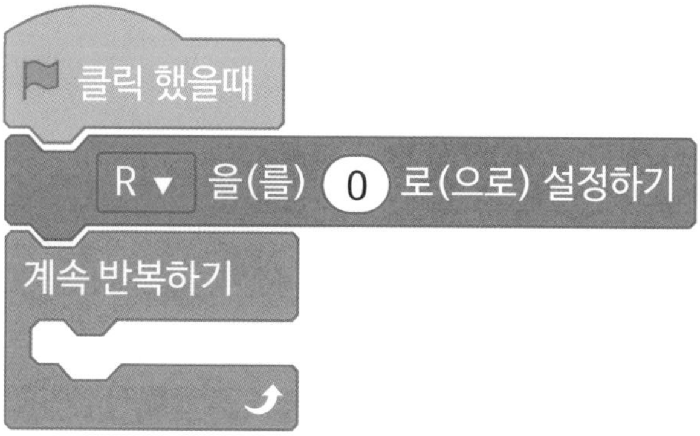

## ■ 비교연산 블록과 조건 블록 사용하기

〔연산〕 블록에는 4칙연산, 난수, 비교, 조건과 같은 연산에 필요한 블록들이 있습니다. 비교와 조건 블록을 사용하여 밝기 값의 범위를 줄수 있습니다.

PWM의 최댓값은 255이기 때문에 255를 넘게 되면 LED 작동이 원하는 대로 되지 않을 수 있습니다. 0~255 사이로 값을 변경하여 LED의 밝기를 바꿀 수 있습니다.

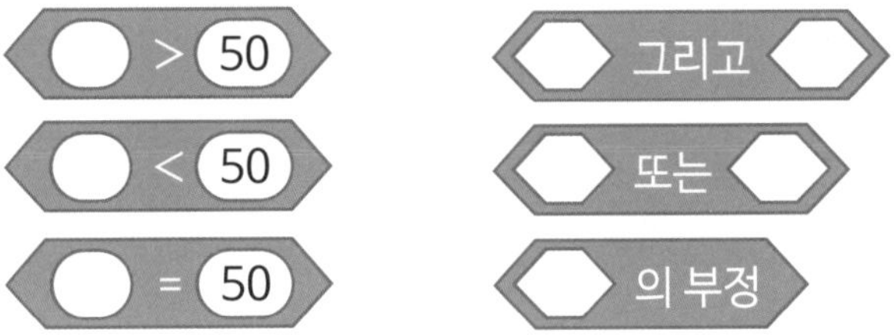


아래 블록은 〔제어〕에서 〔~가 참일 때까지 반복하기〕블록을 사용하여 0.03초마다 'R'에 들어있는 값을 5만큼 증가시켜 'R'값이 250보다 커져 255 되면 반복문이 종료되는 코드 입니다.

값이 250보다 작다면 'R'값이 증가하면서 PWM 9핀과 연결된 LED의 밝기도 점점 증가하게 됩니다.

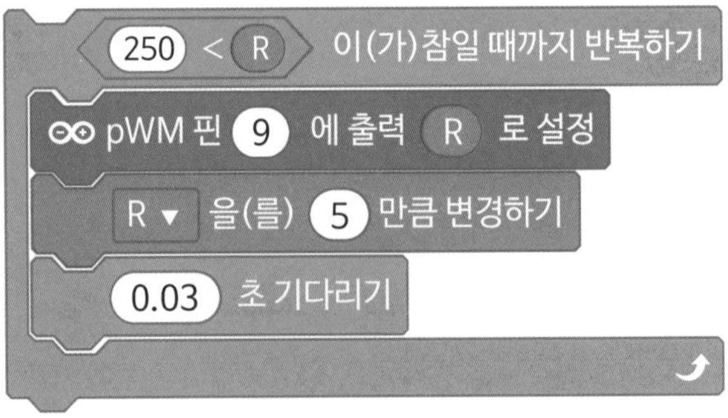

점점 어두워지는 블록의 반복문은 LED가 255 로 밝아진 상태에서 0.03초마다 감소하여 'R값이 5보다 작다'가 참이 될 때까지 반복하는 코드입니다. 'R값이 5보다 작다'는 -5씩 감소 되어 5보다 작은 값 0이되면 종료됩니다.

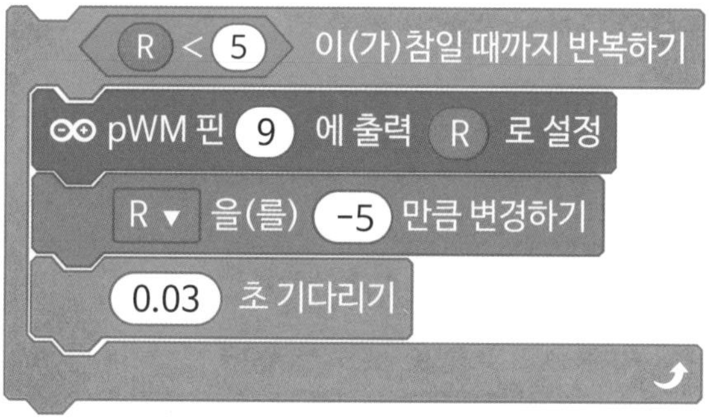


점점 밝아지는 코드와 어두워지는 코드를 〔제어〕에서 〔계속 반복하기〕블록 안에 넣어줍니다.

모든 블록을 조합하면 LED가 꺼진 상태에서 5씩 증가하여 255(최대 밝기)가 되었다 -5씩 감소하여 0(꺼짐) 상태를 반복하는 코드가 완성됩니다.

깃발을 클릭하면 RGB LED의 빨간색 불빛이 점점 밝아졌다 R값이 250을 넘으면 LED의 빨간색 불빛이 점점 어두워지는 것을 볼 수 있습니다.

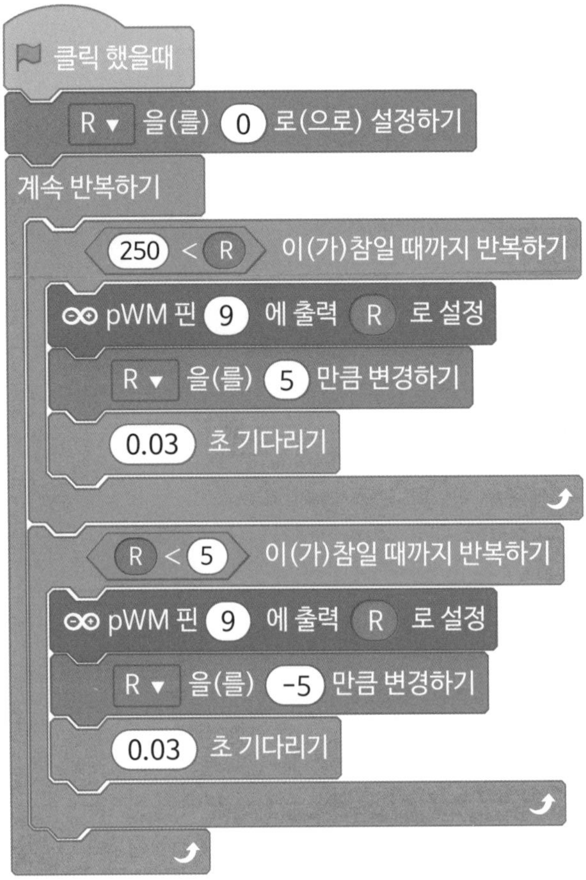

## 06 RGB색상을 혼합하여 코딩하기

빛의 3원색 R, G, B 3가지의 색을 가지고 잘 조합하면 모든 색상을 만들어 낼 수 있습니다. 또한, 세 가지 색을 모두 섞게 된다면 흰색이 됩니다. 이러한 특성을 이용하여 광섬유 분수를 만들겠습니다. 교재에서는 3가지 색상을 같은 값으로 섞을 예정입니다. 블록을 이해하고 자신이 원하는 값을 넣어 색을 바꿔보면 더 예쁜 자신만의 광섬유 분수를 만들 수 있습니다.

〔깃발을 클릭했을 때〕블록을 가져오고 변수를 R, G, B  3개를 만들어 처음 변수값을 0으로 설정하고 블록을 완성합니다.

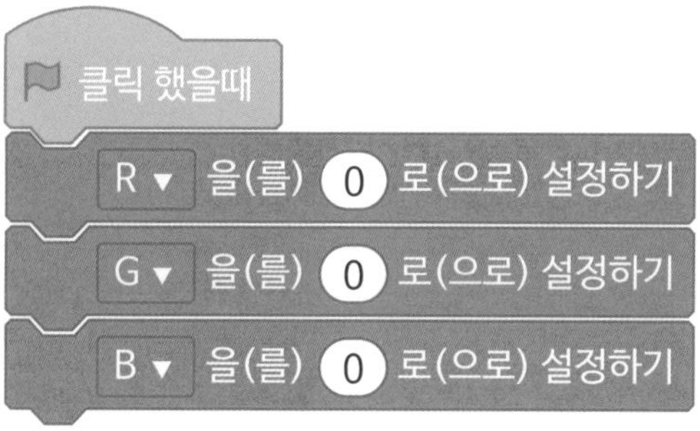


〔연산〕에는 〈 〉 또는 〈 〉 블록이 있습니다. 블록을 보면 '또는'이라는 글자 양쪽으로 블록들을 넣을 수 있게 되어 있습니다. '또는'은 양쪽에 들어간 블록 중 하나라도 참이 된다면 〔또는〕블록은 참이 됩니다.

예를 들어서, A가 B에게 '편의점에 가서 딸기우유 또는 초코우유 좀 사 와'라는 심부름을 시켰다고 가정해보겠습니다. B가 왔을 때 딸기우유나 초코우유 중 한 가지만 사와도 심부름을 완료한 것입니다.

아래 블록은 〔제어〕에서 〔~가 참일 때까지 반복하기〕블록을 사용하여 0.03초마다 'R', 'G', 'B'에 들어있는 값을 5만큼 증가하여 값이 250보다 커져서 'R', 'G', 'B'중 하나라도 255가 되면 반복문이 종료됩니다.

LED출력 핀은 'R'은 PWM 9번 핀, 'G'는 PWM 10번 핀, 'B'는 PWM 11번 핀으로 설정하였습니다.

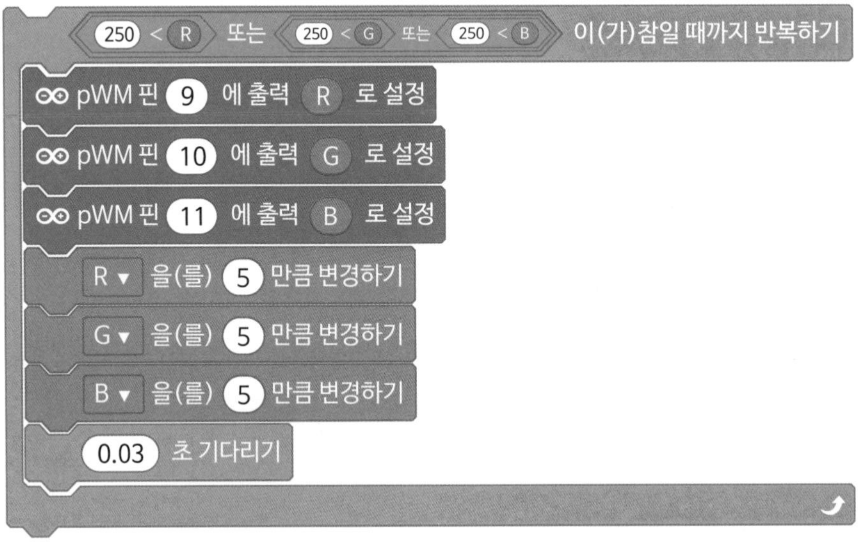


R, G, B의 값이 동일하게 5씩 변경하라고 코드를 만들어서 하얀 불빛만 나오게 됩니다. 하지만, RGB 값을 변경하는 숫자를 다르게 한다면 어떠한 색상값 변수는 빠르게 증가하고 어떠한 것은 느리게 증가합니다.

어둡게 되는 코드도 동일한 값을 빼기 때문에 흰색의 밝기가 점점 어둡게 됩니다. 밝기가 어두워지다가 RGB중 하나가 5보다 작게 된다면 반복문이 끝나게 됩니다.

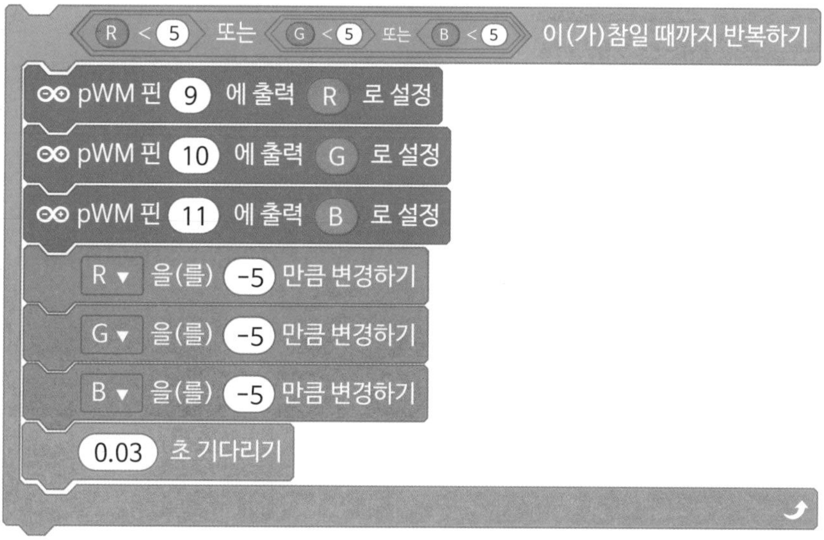
R < 5 또는 G < 5 또는 B < 5 이(가)참일 때까지 반복하기
pWM 핀 9 에 출력 R 로 설정
pWM 핀 10 에 출력 G 로 설정
pWM 핀 11 에 출력 B 로 설정
R ▾ 을(를) -5 만큼 변경하기
G ▾ 을(를) -5 만큼 변경하기
B ▾ 을(를) -5 만큼 변경하기
0.03 초 기다리기

## 07 다양한 RGB 색상 패턴 만들어 출력하기

엠블록에서 PWM 9핀의 밝기를 점점 증가시키다가 250보다 크면 다시 0보다 작을 때까지 반복'이라는 블록은 없기 때문에 새로운 블록을 만들겠습니다.

내 블록을 만들어 사용하는 이유는 〔계속 반복하기〕안에 블록 많은 블록을 넣어 실행시켰을 때 블록이 오류가 난다면 어디에서 오류가 난건지 찾아내기가 힘들고 값이 바뀌게 되면 일일이 블록 하나하나 찾아서 값을 수정해주어야 하기 때문입니다.

이러한 번거로움을 해결하고 누구나 알기 쉽게 만들기위해 〔블록 만들기〕블록으로 블록을 만들어 관리합니다.

〔내 블록〕에서 〔블록 만들기〕를 선택하고 이름을 Red로 하여 블록을 만듭니다.

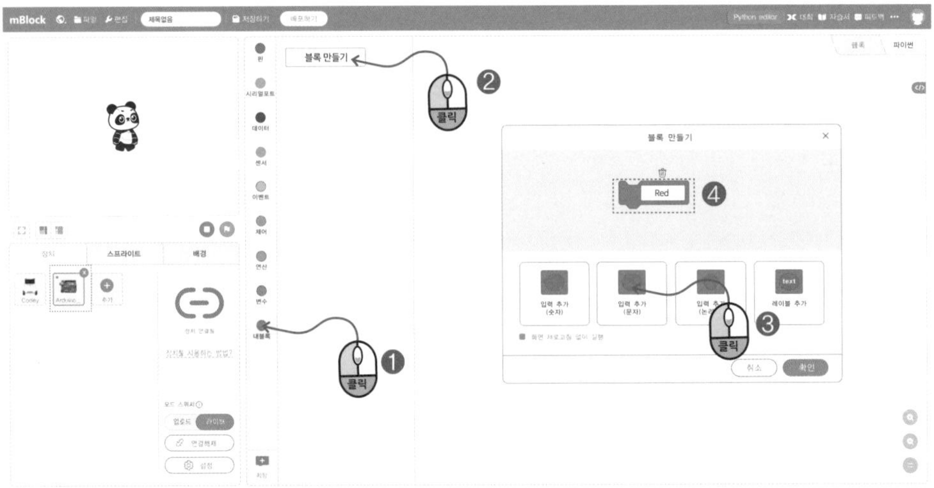


확인 버튼을 누르면 작업영역과 〔블록〕에 〔Red 정의하기〕블록이 생성됩니다.

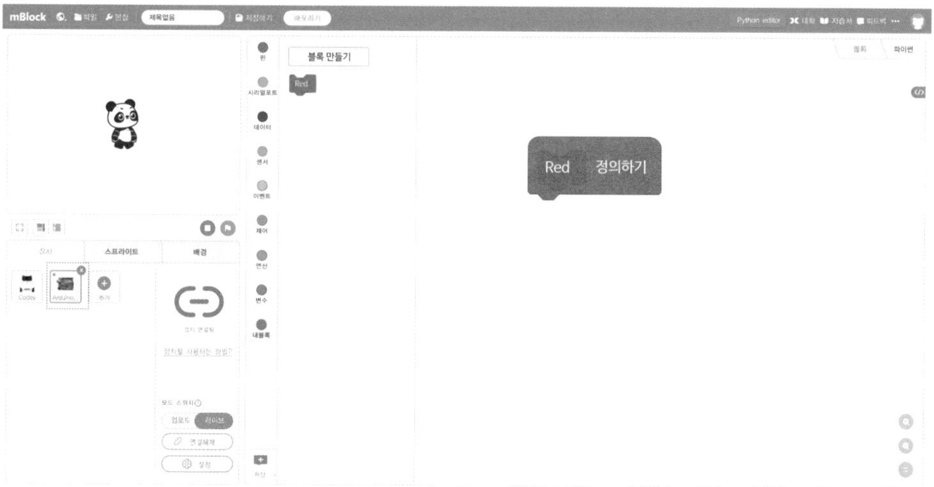


〔~정의하기〕블록은 〔~정의하기〕 아래에 있는 블록들을 실행하는 블록입니다. 깃발을 클릭하면 'Red'라는 블록이 실행됩니다. 'Red'라는 블록은 '디지털 9번에 출력 high로 설정하기'라는 블록을 정의하고 있기 때문에 9번과 연결된 LED가 켜집니다. 이렇게 〔~ 정의하기〕블록 아래에 내가 실행시킬 블록들을 코딩하고 〔깃발을 클릭했을 때〕 블록 아래에는 〔~ 정의하기〕을 결합하면 코드를 깔끔하게 만들 수 있습니다.

mBlcok에서는 블록으로 코딩하기 때문에 〔블록 만들기〕라고 하지만 스케치에서 C언어로 코딩을 할 때는 함수를 만든다고 표현합니다.

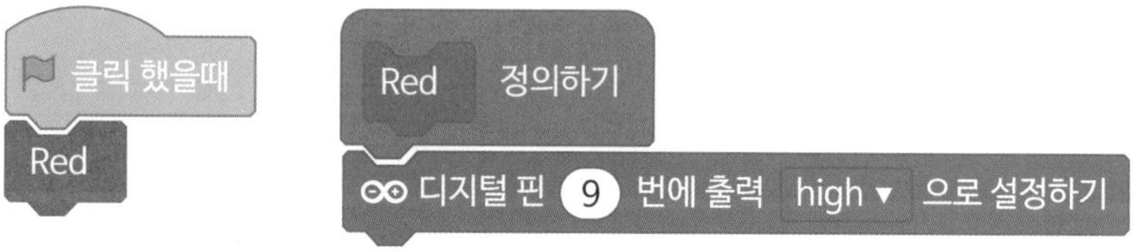

## Think outside the box

〔블록 만들기〕 블록을 사용하여 Red, Green, Blue LED가 점점 밝아졌다가 어두워지기를 반복하도록 만듭니다.

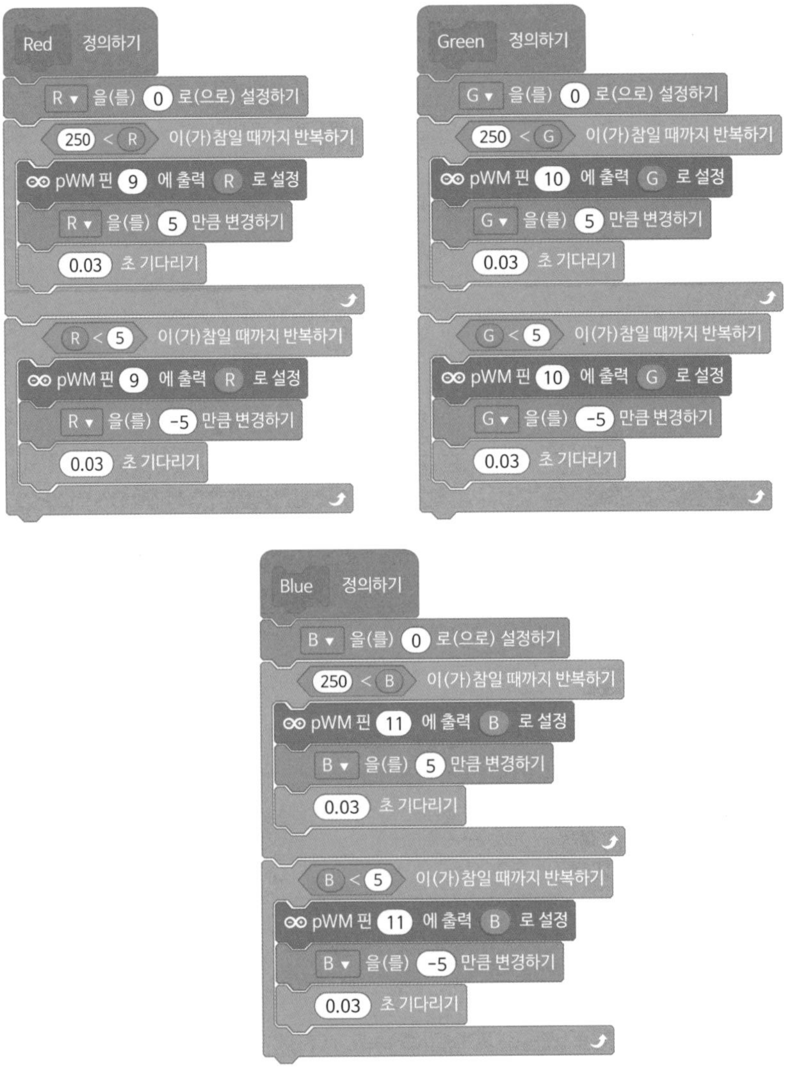


빨간색과 파란색을 섞겠습니다. 빨간색과 파란색을 같은 값의 크기로 설정해두었습니다. 다른 색을 원한다면 다른 값을 넣어서 독특하고 이쁜색을 만들수 있습니다.

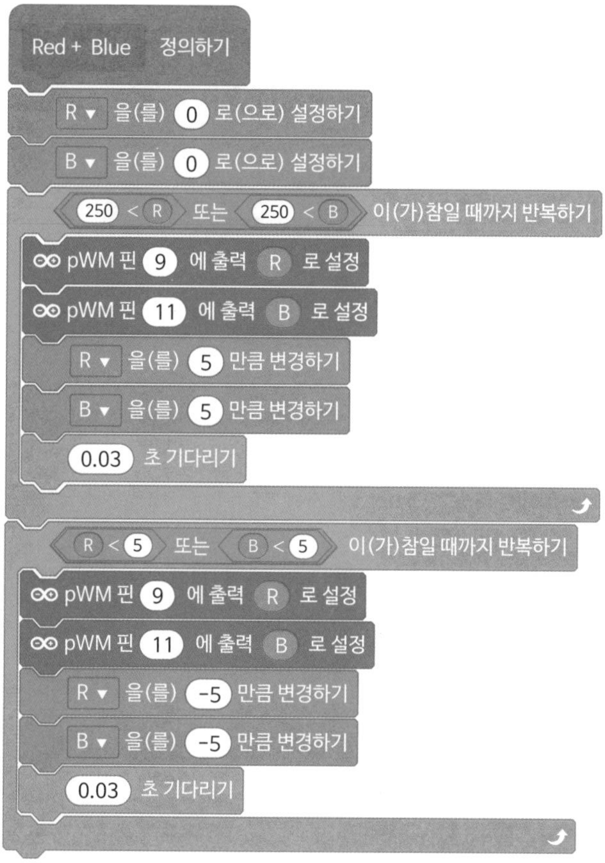


Red, Green, Blue, Red+Green, Red+Blue, Green+Blue 6개의 블록을 만들고 〔깃발을 클릭했을 때〕 아래에 넣어줍니다.

〔블록 만들기〕 블록을 만들면 다른 사람도 블록을 쉽게 이해할 수 있습니다. 또한 블록이 생각대로 작동하는지 확인하다가 안 되는 부분이 있으면 그 블록의〔~ 정의하기〕 부분에 가서 수정을 빠르게 할 수 있습니다.

블록을 확인하고 생각대로 잘된다면 블록을 아두이노 보드에 업로드하여 컴퓨터와 연결이 끊어져도 작동할 수 있게 합니다.

모드 스위치에서 업로드를 선택하고 〔이벤트〕에서 〔arduino Uno가 켜지면〕 블록을 가져와 〔깃발을 클릭 했을 때〕블록과 바꿉니다.

그리고 업로드를 선택하여 아두이노 보드에 블록을 저장합니다.

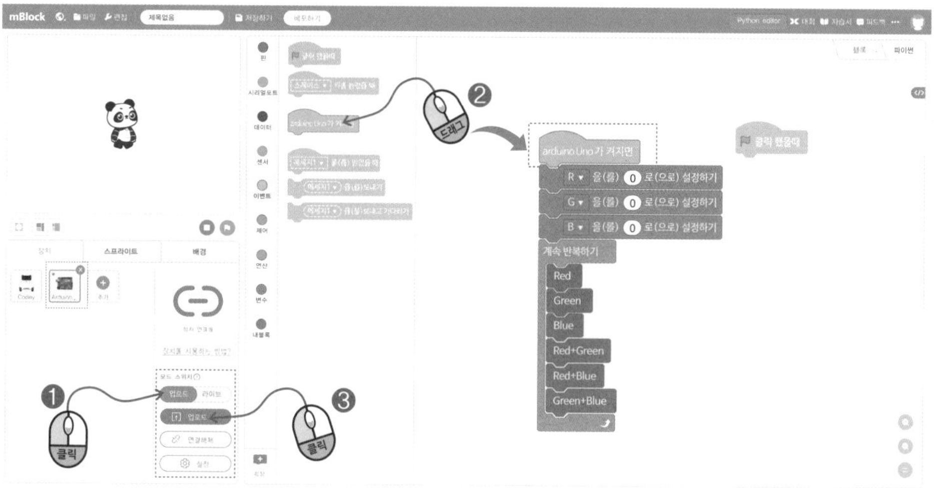


## ■ 회로도 완성하기

광섬유 스파클링 분수를 켜고 끌수 있도록 토글 스위치로 연결하여 완성합니다.

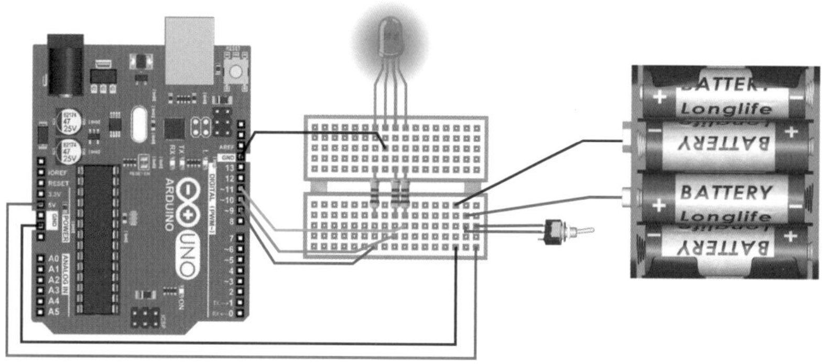

## ■ 완성된 블록

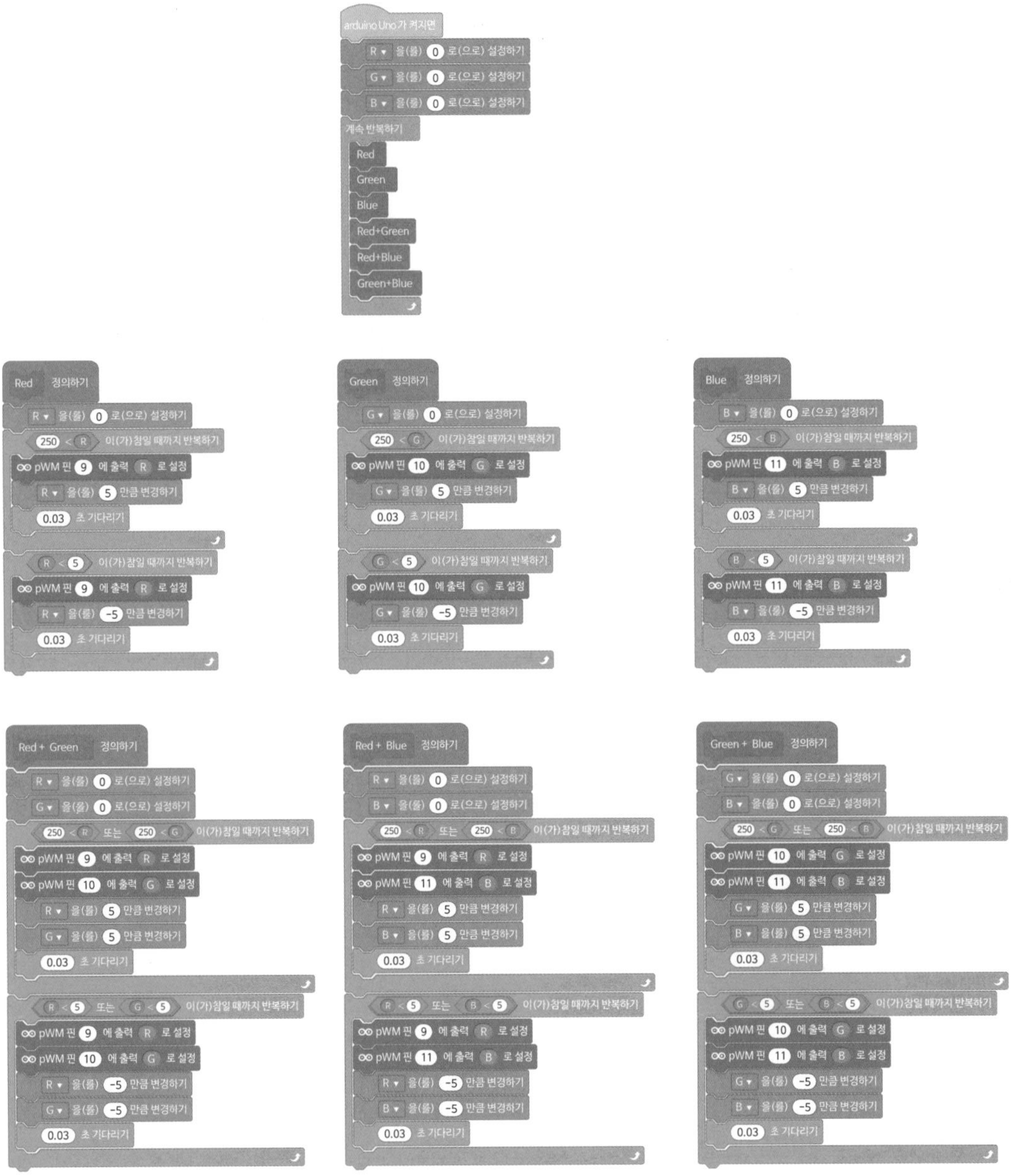
arduino Uno가 켜지면
R ▾ 을(를) 0 로(으로) 설정하기
G ▾ 을(를) 0 로(으로) 설정하기
B ▾ 을(를) 0 로(으로) 설정하기
계속 반복하기
Red
Green
Blue
Red+Green
Red+Blue
Green+Blue
Red 정의하기
R ▾ 을(를) 0 로(으로) 설정하기
250 < R 이(가) 참일 때까지 반복하기
pWM 핀 9 에 출력 R 로 설정
R ▾ 을(를) 5 만큼 변경하기
0.03 초 기다리기
R < 5 이(가) 참일 때까지 반복하기
pWM 핀 9 에 출력 R 로 설정
R ▾ 을(를) -5 만큼 변경하기
0.03 초 기다리기
Green 정의하기
G ▾ 을(를) 0 로(으로) 설정하기
250 < G 이(가) 참일 때까지 반복하기
pWM 핀 10 에 출력 G 로 설정
G ▾ 을(를) 5 만큼 변경하기
0.03 초 기다리기
G < 5 이(가) 참일 때까지 반복하기
pWM 핀 10 에 출력 G 로 설정
G ▾ 을(를) -5 만큼 변경하기
0.03 초 기다리기
Blue 정의하기
B ▾ 을(를) 0 로(으로) 설정하기
250 < B 이(가) 참일 때까지 반복하기
pWM 핀 11 에 출력 B 로 설정
B ▾ 을(를) 5 만큼 변경하기
0.03 초 기다리기
B < 5 이(가) 참일 때까지 반복하기
pWM 핀 11 에 출력 B 로 설정
B ▾ 을(를) -5 만큼 변경하기
0.03 초 기다리기
Red + Green 정의하기
R ▾ 을(를) 0 로(으로) 설정하기
G ▾ 을(를) 0 로(으로) 설정하기
250 < R 또는 250 < G 이(가) 참일 때까지 반복하기
pWM 핀 9 에 출력 R 로 설정
pWM 핀 10 에 출력 G 로 설정
R ▾ 을(를) 5 만큼 변경하기
G ▾ 을(를) 5 만큼 변경하기
0.03 초 기다리기
R < 5 또는 G < 5 이(가) 참일 때까지 반복하기
pWM 핀 9 에 출력 R 로 설정
pWM 핀 10 에 출력 G 로 설정
R ▾ 을(를) -5 만큼 변경하기
G ▾ 을(를) -5 만큼 변경하기
0.03 초 기다리기
Red + Blue 정의하기
R ▾ 을(를) 0 로(으로) 설정하기
B ▾ 을(를) 0 로(으로) 설정하기
250 < R 또는 250 < B 이(가) 참일 때까지 반복하기
pWM 핀 9 에 출력 R 로 설정
pWM 핀 11 에 출력 B 로 설정
R ▾ 을(를) 5 만큼 변경하기
B ▾ 을(를) 5 만큼 변경하기
0.03 초 기다리기
R < 5 또는 B < 5 이(가) 참일 때까지 반복하기
pWM 핀 9 에 출력 R 로 설정
pWM 핀 11 에 출력 B 로 설정
R ▾ 을(를) -5 만큼 변경하기
B ▾ 을(를) -5 만큼 변경하기
0.03 초 기다리기
Green + Blue 정의하기
G ▾ 을(를) 0 로(으로) 설정하기
B ▾ 을(를) 0 로(으로) 설정하기
250 < G 또는 250 < B 이(가) 참일 때까지 반복하기
pWM 핀 10 에 출력 G 로 설정
pWM 핀 11 에 출력 B 로 설정
G ▾ 을(를) 5 만큼 변경하기
B ▾ 을(를) 5 만큼 변경하기
0.03 초 기다리기
G < 5 또는 B < 5 이(가) 참일 때까지 반복하기
pWM 핀 10 에 출력 G 로 설정
pWM 핀 11 에 출력 B 로 설정
G ▾ 을(를) -5 만큼 변경하기
B ▾ 을(를) -5 만큼 변경하기
0.03 초 기다리기

ON
ON
ON
ON
3D

# Think outside the box

## Chapter 05
## 음주 측정기 만들기

1. MQ – 3 센서 알아보기
2. 센서값 읽어보기
3. LCD를 이용하여 센서값 읽어보기
4. LED를 이용하여 값에 따라 LED 켜기
5. 피에조부저를 이용한 경고음 만들기
6. 셀프 음주측정기 만들기

## 01 MQ - 3 센서 알아보기

가스를 감지하는 센서에는 MQ－135, MQ－2, MQ－3, MQ－4 등등 가스 종류에 따라 다양한 센서들이 있습니다. 이중에서 아두이노 음주 측정기를 만들 때 사용하는 MQ－3 알코올 감지 센서에 대하여 알아보도록 하겠습니다.

음주 측정기에 사용할 MQ－3 센서입니다. 앞면에 있는 테두리가 주황색이고 망이 쳐져있는 부분이 알코올을 감지하는 부분입니다. 뒷면에는 십자드라이버 또는 일자 드라이버를 이용하여 감도를 조절할 수 있는 감도조절부가 있습니다. 감도조절부를 시계방향으로 돌리면 감도가 증가하고, 반시계방향으로 돌리면  감도가 감소합니다.

알코올 센서 내부 가운데에는 Tin Dioxide로 둘러싸인 세라믹 관 안에 히팅 코일이 들어가 있고 주변에 백금전극이 있는 형태로 구성이 되어 있습니다.

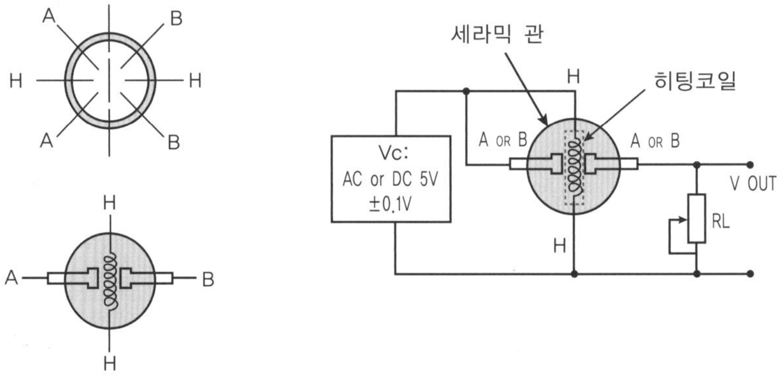

작동원리는 MQ-3 센서 가운데에 있는 히팅코일이 가열되면 히팅코일을 감싸고 있던 SnO2세라믹 관 또한 가열이 되어 반도체 상태가 됩니다. 그렇게 되면 전자가 더 많이 움직이게 되서 더 많은 전류가 흐를 수 있게 됩니다. 그리고 공기 중에 알코올 분자가 전극을 만나 산화알루미늄과 이산화탄소가 되었을 때, 에탄올이 아세트산으로 연소되면서 더 많은 전류가 발생됩니다. 그래서 더 많은 알코올 분자가 만들어질수록 더 많은 전류가 흐르게 됩니다. 이 전류의 변화로 인해 센서로 부터 다양한 값을 얻게 됩니다.

# 02 센서값 읽어보기

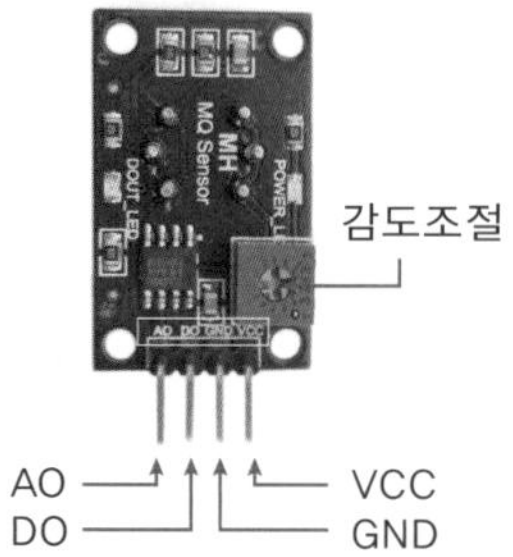


MQ-3 알코올 감지 센서에는 총 4개의 핀이 있습니다.

뒷면을 기준으로 왼쪽에서부터 AO, DO, GND, VCC 순서대로 핀이 되어있습니다. 우리는 알코올의 값을 1 또는 0으로 읽을 것이 아니라 얼마만큼의 알코올이 측정되었는지 알아야하기 때문에 AO(Analog Output) 핀을 이용하도록 하겠습니다.

## ■ 회로도 구성하기

MQ-3 알코올 감지센서를 사용한 회로도입니다.

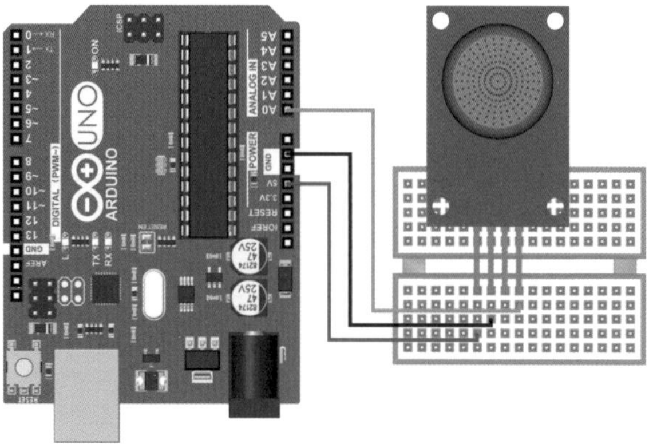

감지센서의 왼쪽 첫번째 VCC핀은 우노보드의 5V핀과 두번째 GND핀은 우노보드의 GND핀과 연결합니다. 마지막 네번째 AO핀은 아날로그 A0핀과 연결합니다.

## ■ 블록 만들기

〔변수〕 블록에서 '측정 값'으로 변수를 만듭니다. 이 변수는 MQ－3 알코올 감지 센서가 읽은 값을 무대에서 변수로 보여줍니다.

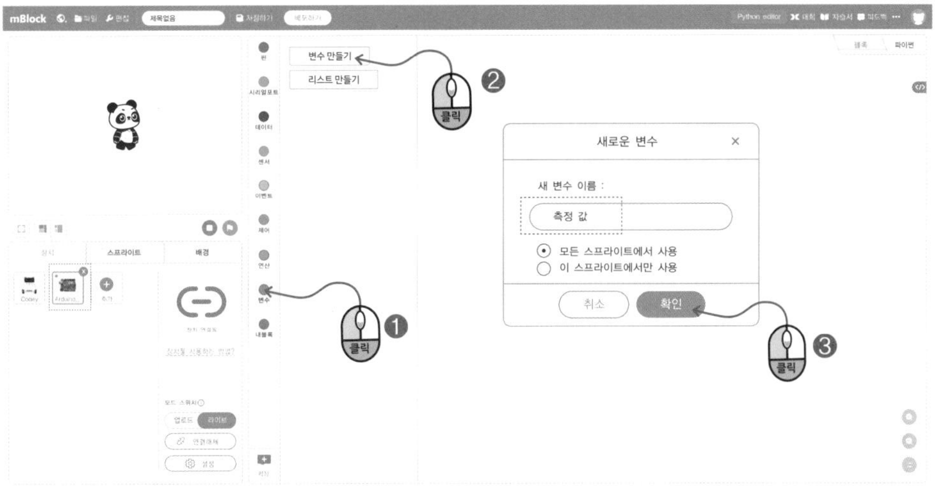


〔제어〕 블록의 〔무한반복하기〕와 〔핀〕 블록의 〔아날로그 ~번 핀 읽기〕 블록을 가져와 결합합니다.

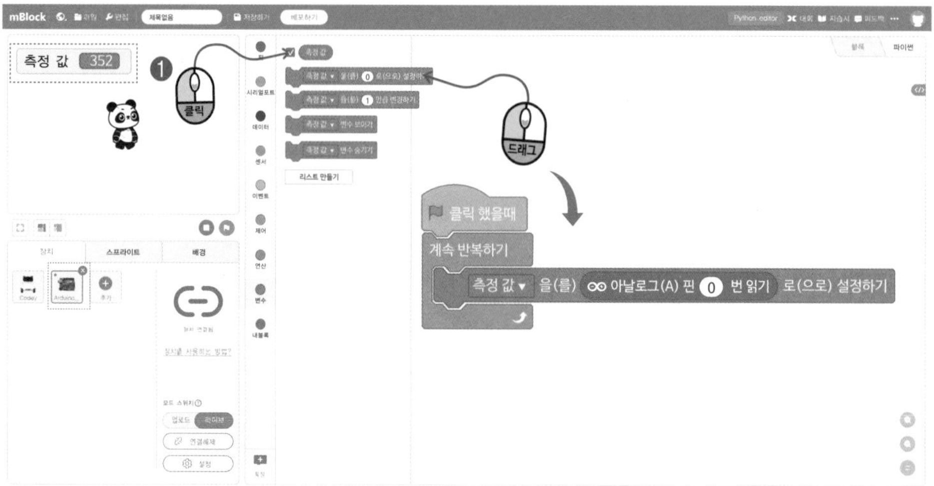


블록을 만들었거나 수정하였다면 펌웨어 업데이트를 해줘야 합니다. 〈설정〉→〈펌웨어 업데이트〉→〈연결〉을 차례로 실행하고 센서값이 측정합니다.

연결한 다음 바로 측정하려고 하면 정상적인 센서값이 출력되지 않습니다. MQ-3센서는 세라믹 관을 가열시켜 측정합니다. 이 과정에서 적정선까지 예열이 되기 전에 값을 측정하게 되면 비정상적인 값이 측정됩니다. 그러므로, 정상적인 값을 출력하려면 예열이 어느 정도 될 때까지 기다려야됩니다.

주의할 점은, MQ-3 센서는 알코올을 제대로 측정하기 위해서는 예열하는 과정이 필요합니다. 때문에 센서 전면부를 손으로 만지면 온도가 올라갔다는 것을 느끼실 수 있습니다. MQ-3 센서 말고도 다른 센서를 이용할 때에도 항상 안전에 주의해야 합니다.

## ■ 장치와 스프라이트 연동하기

mblock 5는 mblock 3과는 달리 장치와 스프라이트가 분리되어 있어 장치의 블록과 스프라이트 블록을 서로 공유할 수 없습니다.

mblock 5에서는 확장에〔브로드캐스트〕추가하여 장치 업로드모드에서 스프라이트와 상호 작용할 수 있도록 만들었습니다. 장치에서 확장을 선택하고 업로드모드 브로드캐스트를 추가합니다.

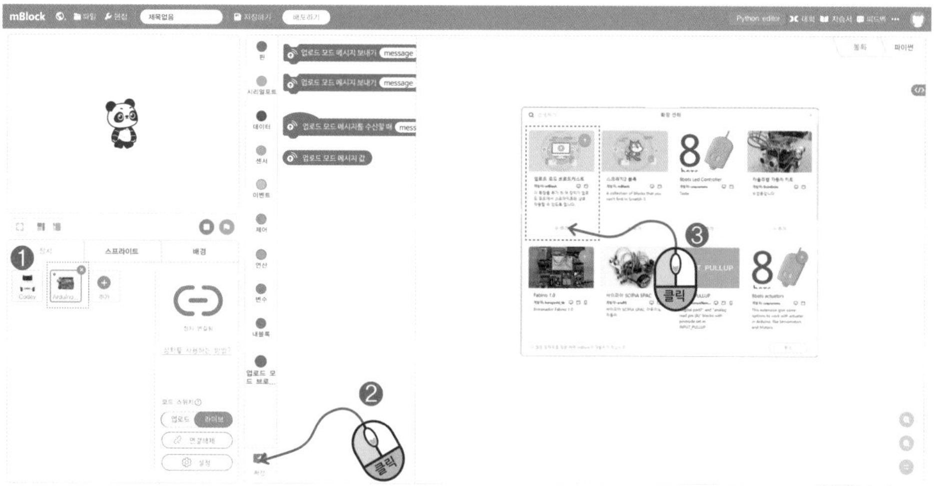


아날로그 0핀(A0)이 측정한 값을 '측정 값'이라는 변수에 저장하고 '업로드 모드 메세지 보내기'에 'alcohol'로 하여 측정 값을 스프라이트로 보냅니다. 이름은 한글을 지원하지 않습니다.

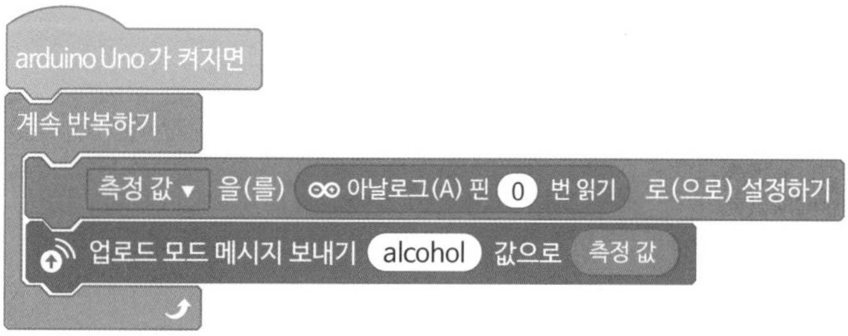

블록이 만들어지면 업로드를 합니다.

스프라이트에서 확장을 선택하고 업로드모드 브로드캐스트를 추가합니다.

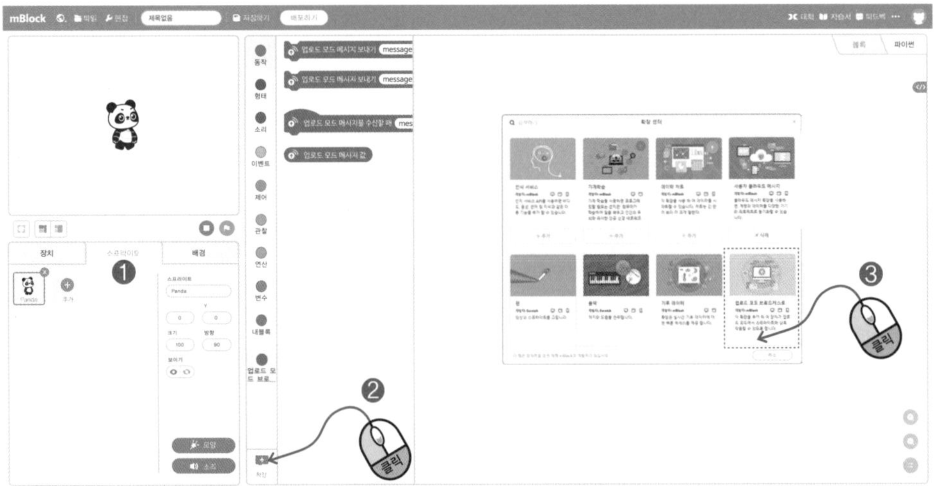


장치에서 보낸 아날로그 A0번 값 alcohol을 받아 말하기 블록과 결합하여 panda가 값을 말하게 합니다. mblock3 블록에 있던 방송하기 블록과 유사한 역할을 합니다.

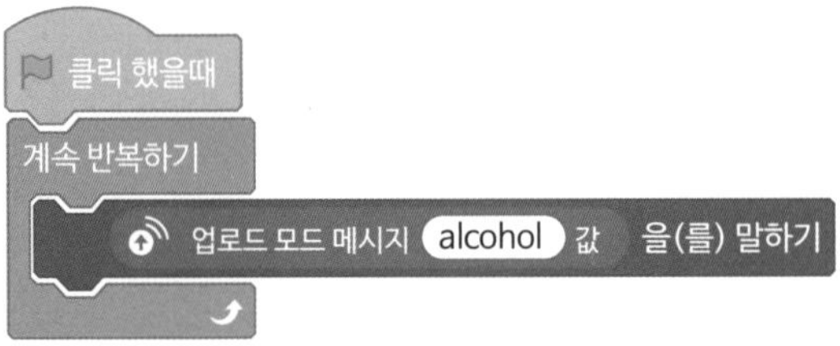


'깃발을 클릭했을 때'를 클릭하면 Panda가 A0값을 말합니다.

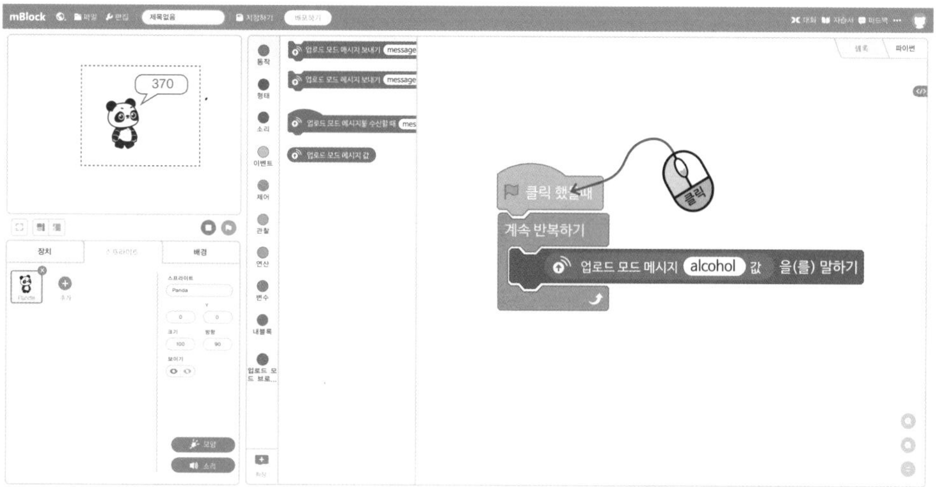


장치와 스프라이트가 분리되어 있어 장치의 블록과 스프라이트 블록을 서로 공유할 수 없지만 〔업로드 모드 브로캐스트〕를 사용하여 데이터를 보내고 받을 수 있습니다.

## 03 LCD를 이용하여 센서값 읽어보기

변수를 사용하여 무대에서 MQ-3센서의 값을 컴퓨터 모니터를 이용하여 값을 확인하였습니다. 하지만 아두이노 음주측정기를 가지고 다닐 때마다 컴퓨터도 같이 들고 다니기에는 무리가 있습니다. 그래서 글자를 화면에 보여주는 LCD를 사용해보도록 하겠습니다.

이번에 사용할 LCD는 오른쪽 그림과 같은 '1602 I2C LCD'입니다. '1602'란 뜻은 한 줄에 16개의 문자가 들어갈 수 있고 2줄이라는 뜻입니다. I2C는 'Inter −Integrated Circuit'의 약자로써, 데이터를 주고받기 위한 선 (SDA) 하나와 송수신 타이밍 동기화를 위한 클럭선 (SCL)로 이루어졌습니다.

LCD를 쓰려면 12개의 선과 많은 개수의 우노보드 핀을 사용합니다. 그렇게 된다면 다른 부품을 많이 쓰지 못하기도 하고, 사용 시에 복잡하므로 I2C를 사용하도록 하겠습니다. 〈확장〉 버튼을 클릭하고 확장센터에서 대문자로 LCD를 검색합니다.

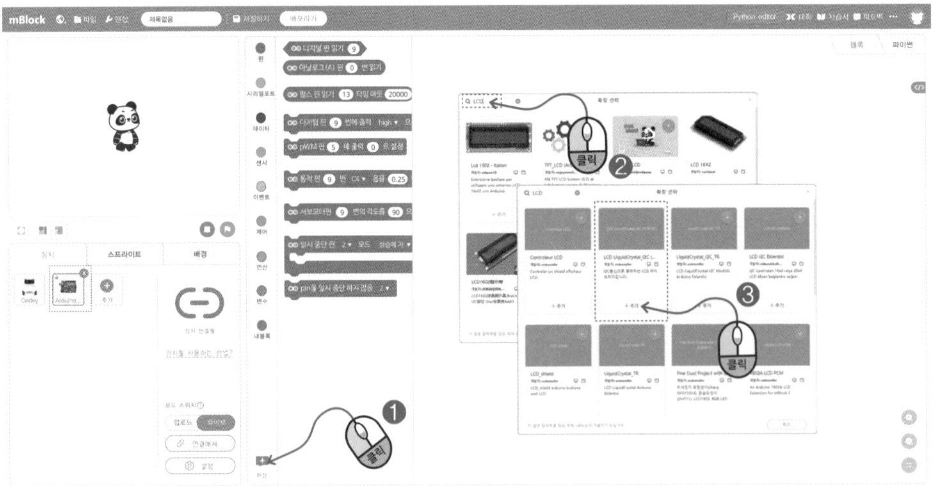

나오는 목록중에 LCD LiquidCrystal I2C라는 항목이 있습니다. 〈추가〉를 선택하여 블록을 가져오면 새로운 블록이 생성됩니다.

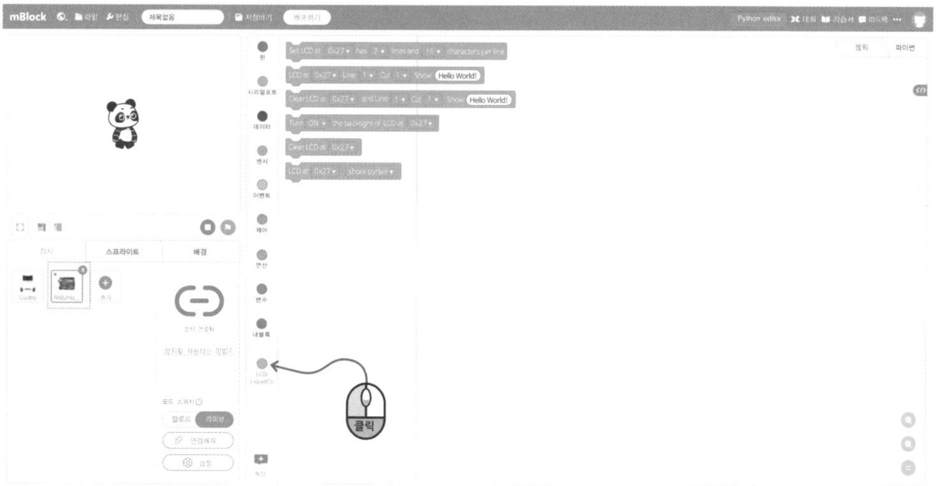


## ■ LCD 연결하기

LCD I2C의 뒷면에 있는 GND, VCC, SDA, SCL의 4개의 핀이 있습니다. GND는 아두이노보드의 GND핀에 VCC는 5V 핀, SDA는 아날로그 A4, SCL은 아날로그 A5 핀과 연결합니다.

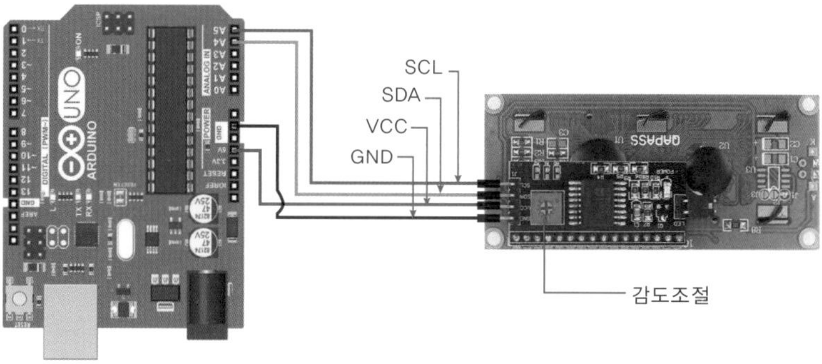

I2C LCD에 글자를 표시하기는 쉬운데 주의할 점이 있습니다. I2C LCD로는 한글을 표시할 수가 없습니다. 그리고 16개가 넘는 문자를 입력하면 초과한 문자는 표시되지 않습니다. 간단한 문장을 한번 출력해보도록 하겠습니다.

I2C LCD는 라이브를 지원하지 않기 때문에 모드 스위치를 업로드로 바꾸고 프로그램을 만듭니다.

〔Set :〕 블록은 내가 사용할 LCD를 설정하는 블록입니다. 2line은 2줄, 16characters는 16개의 문자를 의미합니다.

〔LCD at〕 블록의'Line 1'은 첫 번째 줄 Col은 'Column'의 약자로 열을 의미합니다. 'Line 1 Col 1'은 1번째 줄 1번째 열이고 그 뒤에 있는 'Show'는 Show 뒤에 있는 문자를 출력하겠다는 뜻입니다.

I2C LCD는 제품에 따라 여러 종류가 있습니다. 보통은 0x27이거나 0x3f입니다.

여기서 사용한 제품은 0x27입니다. 역삼각형을 눌러 나오는 메뉴 중 0x27를 선택합니다. 글자가 출력되지 않으면 번호를 바꿔가며 자기에게 맞는 주소를 찾아야합니다.

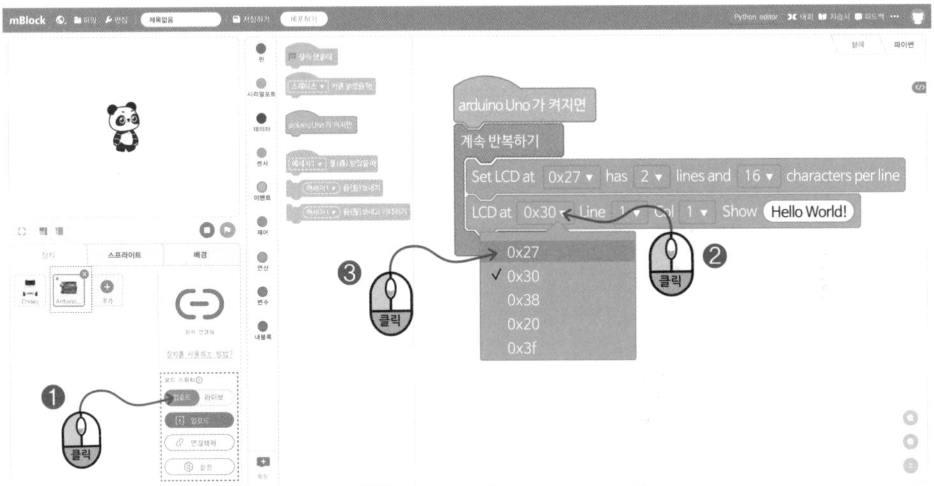

〈업로드〉버튼을 클릭하면 업로드 창이 열리고 업로드합니다.

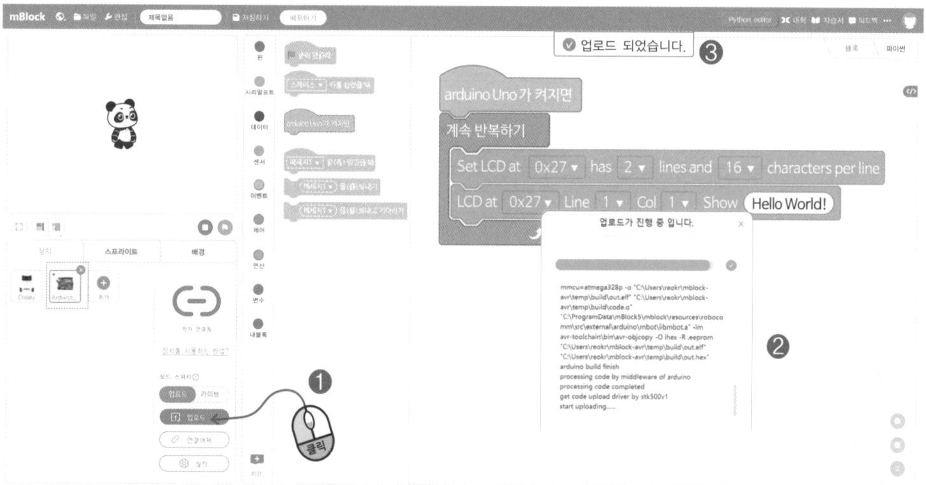


LCD를 확인하면 Hello World!라는 문자가 나타납니다 . 글자가 흐리거나 나타나지 않는다면 뒷부분의 감도조절 부분을 〈+〉자 드라이버로 돌려가며 조정하면 됩니다.

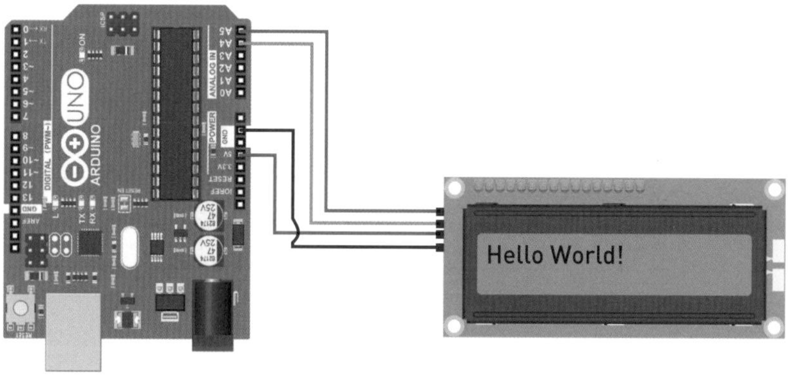

## 04 LED를 이용하여 값에 따라 LED 켜기

공기청정기, 제습기 등등 전자제품들은 센서가 읽은 값을 문자나 그림으로 나타내기도 합니다. 마찬가지로 우리가 만드는 음주측정기 또한 LED를 이용하여 센서가 읽은 알코올 값이 어느 정도인지 표현해보도록 하겠습니다.

LED는 'Light Emitting Diode'의 약자로써 순방향으로 전압을 가했을 때 빛을 내는 반도체 소자입니다. LED는 다리가 2개가 있는데, 그 중에 긴 다리가 + 극성이고 짧은 다리가 - 극성입니다. 그래서 짧은 다리에 전지의 + 극과 연결하고 긴 다리에 -극을 연결하면 LED가 켜지지 않습니다. MQ-3 센서를 이용하여 초록색(정상), 노란색(경고), 빨간색(위험) 3가지 LED를 켜 보겠습니다.

### ■ 회로도 구성하기

MQ - 3 알코올 감지센서와 LED 3개를 사용한 회로도입니다.

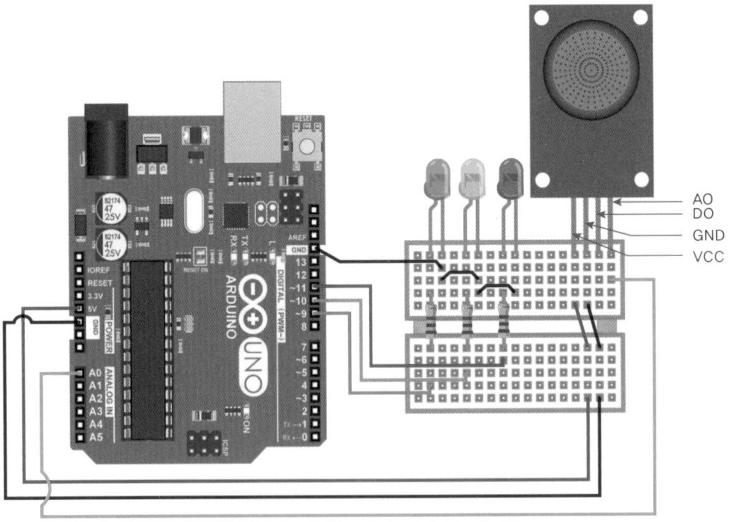

감지센서의 왼쪽 첫번째 VCC핀은 우노보드의 5V 핀과 연결하고 두번째 GND핀은 우노보드의 GND핀과 연결합니다. AO핀은 아날로그 A0핀과 연결합니다. 초록색 LED의 긴 다리(+)에는 우노보드의 디지털 9핀, 노란색 LED의 긴 다리(+)에는 우노보드의 디지털 10핀, 빨간색 LED의 긴 다리(+)에는 우노보드의 디지털 11핀과 연결합니다. 그 후에 검은색 선과 같이 GND를 연결해줍니다.

## ■ 블록 만들기

LED가 모두 꺼져있는 상태에서 시작하기 위해 LED와 연결된 디지털 9, 10, 11번 핀을 꺼짐 상태로 만듭니다. 〔변수〕 블록에서 '측정 값'으로 변수를 만들고 측정 값이 400보다 작다면 초록색 LED, 400보다 크고 700보다 작다면 노란색 LED, 700보다 크다면 빨간색 LED가 켜지도록 프로그램하면 알코올 측정 값을 숫자로 보는 것보다 한눈에 볼 수 있습니다.

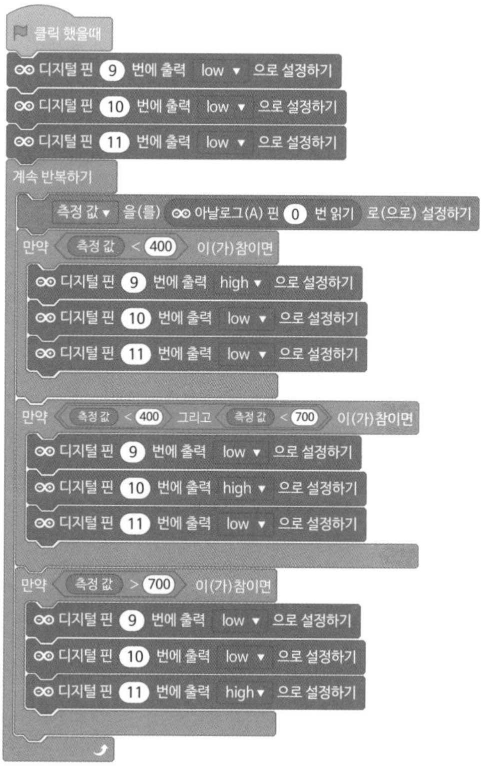

## 05 피에조부저를 이용한 경고음 만들기

LED를 이용하여 알코올값을 읽어 위험도를 측정해 보았지만 경고하는 느낌이 나지 않습니다. 이번에는 피에조부저를 활용하여 일정 수치 이상 올라가면 경고음을 내도록 만들겠습니다.

피에조부저에는 능동부저, 수동부저 2가지가 있습니다. 능동부저는 회로 설정이 전기만 흐른다면 소리를 출력합니다. 수동부저는 아두이노의 tone() 함수 또는 tone 블록을 이용하여 소리를 출력할 수 있습니다.

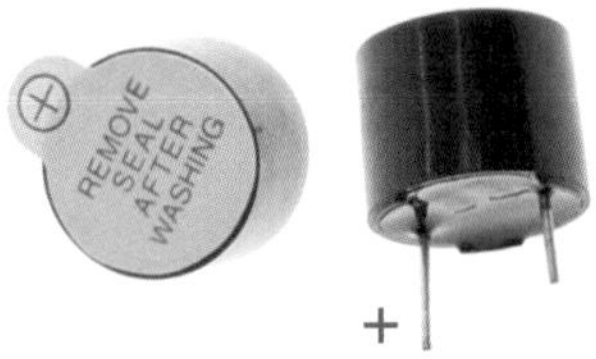


피에조부저는 피에조 효과를 이용하여 소리를 출력합니다. 피에조 효과는 '압전효과'라고도 합니다. 아기들이 걸어 다니면 불빛이 나는 신발이 있습니다. 그 신발 또한 피에조 효과를 이용한 것입니다. 단백질, 규소, 석영 등에 압력을 가하면 전기가 발생하는 것이 피에조 효과입니다.

피에조부저는 피에조 효과를 역으로 이용해서 전기를 주면 피에조부저 안에 있는 압전물질이 팽창 및 수축이 발생하여 진동을 일으켜 소리를 냅니다.

### ■ 회로도 구성하기

피에조부저의 사용방법은 LED의 사용방법과 같습니다.

피에조부저는 다리가 2개가 있는데, 그 중에 긴 다리가 + 극성이고 짧은 다리가 - 극성입니다.

피에조부저의 +극(긴 다리)은 우노보드의 디지털 8번 핀과 연결하고, -극(짧은 다리)는 우노보드의 GND핀에 연결합니다.

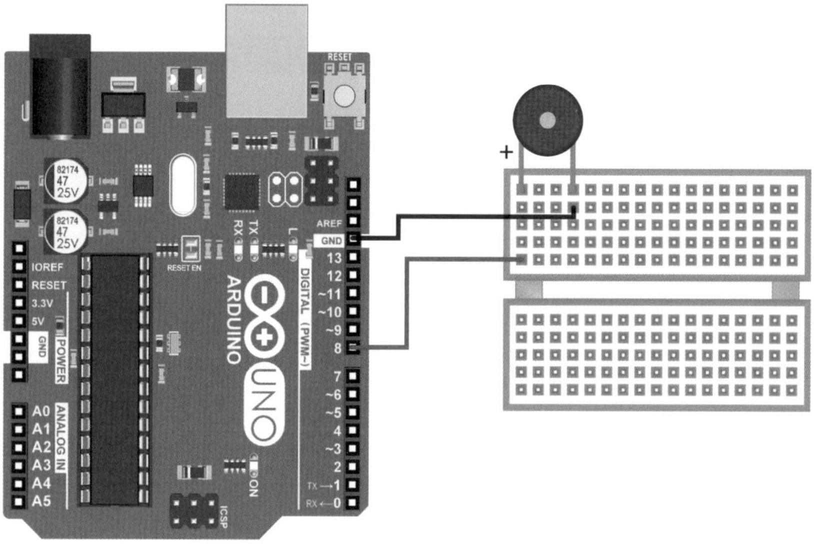


## ■ 블록 만들기

〔동작 핀〕 블록은 기본적으로 음 앞에 'C4'라고 설정되어 있습니다. C는 계이름을 뜻합니다. 계이름은 '도 레 미 파 솔 라 시' 순서대로 C, D, E, F, G, A, B입니다.

뒤에 있는 숫자 4는 옥타브를 나타냅니다. 그러므로 'C4'는 4옥타브 도입니다.

피에조부저는 라이브 모드를 지원하지 않습니다. 블록을 완성하고 업로드를 선택하여 아두이노에 업로드 하면 4옥타브 도 소리가 납니다.

## 06 셀프 음주측정기 만들기

MQ-3 알코올 감지 센서, I2C LCD, LED, 피에조부저로 셀프 음주측정기를 만들 겠습니다.

준비물은 아래 그림과 같습니다.

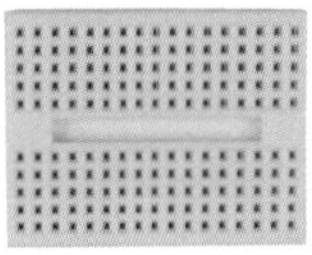
미니 브레드보드

I2C LCD

우노보드

알콜센서

배터리 팩

건전지

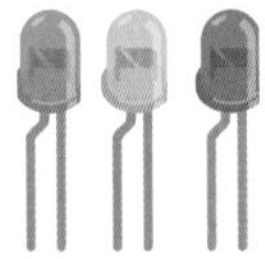
LED

피에조부저

토글스위치

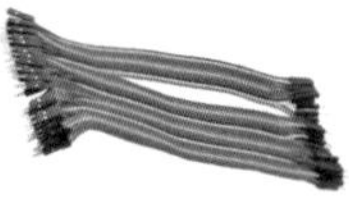
점퍼케이블

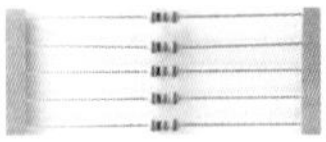
저항

### 준비물

우노보드 1개, 미니 브레드보드 1개, 10mm LED 3개(빨강, 노랑, 초록),
피에조부저 1개, MQ-3 알코올센서 1개, I2C LCD 1개, 점퍼케이블, 220Ω 저항 3개,
토글스위치 1개, 배터리 팩 1개, AA 건전지 4개

Chapter 5

## ■ 회로도 구성하기

1. 미니 브레드보드에 우노보드의 5V와 GND를 연결합니다.

2. MQ-3센서를 미니 브레드보드에 꽂은 후, 센서의 AO와 우노보드의 A0핀과 연결합니다. VCC, GND는 1번에서 꽂은 라인에 맞춰 연결합니다.

3. 미니 브레드보드에 왼쪽부터 순서대로 초록 노랑 빨강 순서로 꽂습니다. 꽂으실 때 LED의 긴 다리가 왼쪽으로 가도록 꽂습니다.

4. LED의 긴 다리(+)를 꽂은 라인에 220옴 저항을 연결해줍니다.

5. 초록색 LED의 긴 다리에는 우노보드의 디지털 9핀, 노란색 LED의 긴 다리에는 우노보드의 디지털 10핀, 빨간색 LED의 긴 다리에는 우노보드의 디지털 11핀과 연결해줍니다.

6. LED의 짧은 다리(-)를 서로 연결하여 GND와 연결시킵니다.

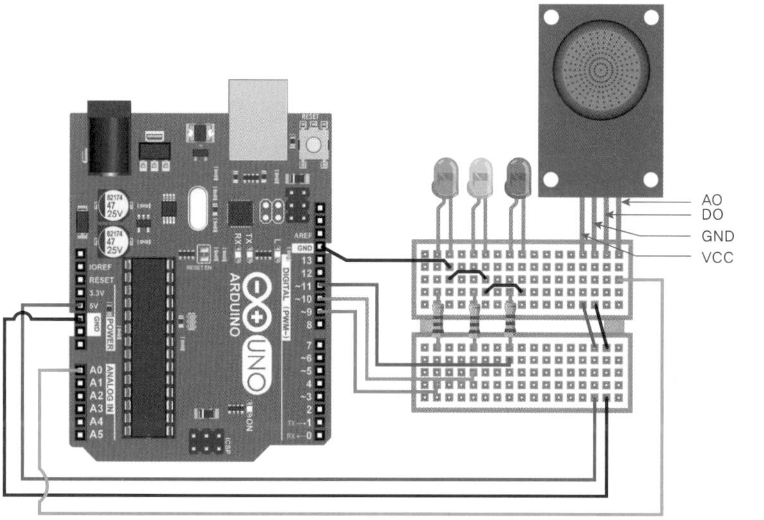


7. 피에조부저를 미니 브레드보드에 꽂습니다.

8. 피에조부저의 +극(긴 다리)은 우노보드의 디지털 8번 핀과 연결하고, -극(짧은 다리)는 MQ - 3센서와 연결된 GND와 연결해줍니다.

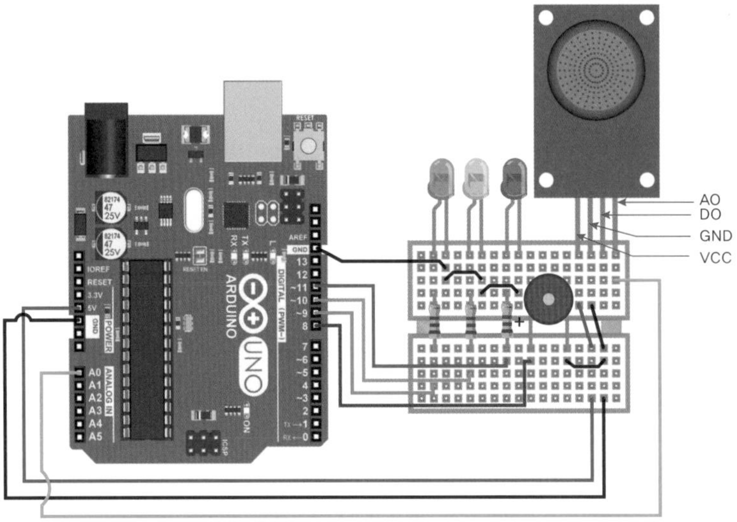


9. I2C LCD 뒷면에 있는 4개의 핀을 암-수 케이블로 연결하고 LCD의 VCC는 (+)핀, GND는 (-)핀, SDA는 A4핀, SCL은 A5핀에 연결합니다.

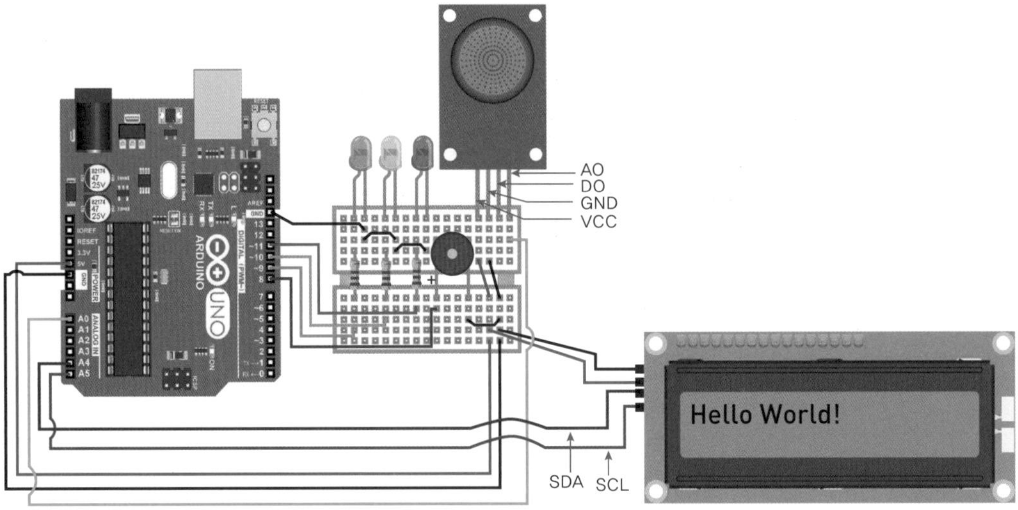

10. 회로도 전원을 켜고 끄기 위해 토글스위치와 배터리 팩을 추가합니다.

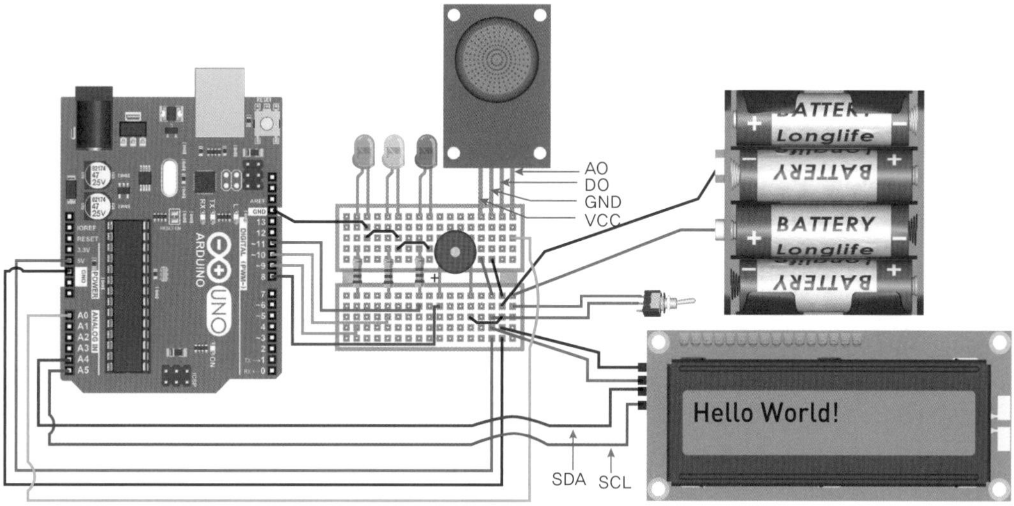


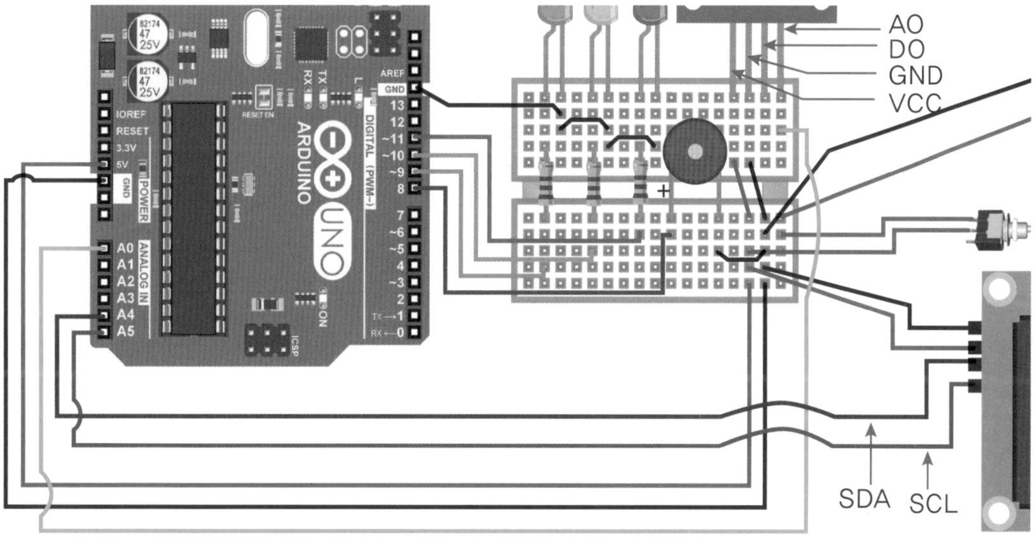

회로도가 완성되었습니다.

프로그램이나 회로도를 구성하는 방법은 원리를 이해한다면 더 쉬운 방법으로 만들 수 있습니다.

## ■ 블록 만들기

실제 음주단속에서도 혈중알코올농도에 따라서 면허정지, 면허취소로 나뉘게 됩니다. '아두이노 음주측정기' 또한 알코올 수치에 따라서 LED가 켜지고 매우 큰 값이 측정될 때는 피에조부저까지 울리도록 하였습니다. 코드에 적혀있는 수치는 다양한 알코올로 측정해 보고 기준치를 설정해주면 됩니다.

블록을 보면 〔LCD LiquidCrystal I2C〕 블록에서 LCD를 사용할 준비를 합니다.

〔핀〕에서 〔디지털~핀에 출력~설정하기〕 블록을 가져와 9, 10, 11번 핀과 연결된 초록색, 노란색, 빨간색 LED를 꺼짐으로 합니다.

〔제어〕에서 〔계속 반복하기〕 블록을 가져옵니다.

알콜센서의 값을 측정하기 위해 '측정값'으로 변수를 만들고 아날로그 0번 핀으로 값을 측정하게 합니다.

〔변수〕 블록의 '측정값'과 〔연산〕 블록의 결합하기 블록을 결합하여 〔LCD LiquidCrystal I2C〕 블록의 〔LCD at ~Show〕 측정값을 보여주는 블록을 넣고 측정값이 LCD에 나타나게 합니다.

〔연산〕에서 〔비교〕 블록을 사용하여 측정값이 400보다 작으면 9번 핀과 연결된 초록색 LED가 켜지고 LCD에는 SAFE! 측정값이 400보다 크고 700보다 작으면 10번 핀과 연결된 노란색 LED가 켜지고 LCD에는 WARNING!! 문구가 나타나게 합니다

측정값이 700보다 크면 11번 핀과 연결된 빨간색 LED가 켜지고 LCD에는 DANGER!!! 문구가 나타나고 피에조부저가 4옥타브 도 소리를 내게 합니다.

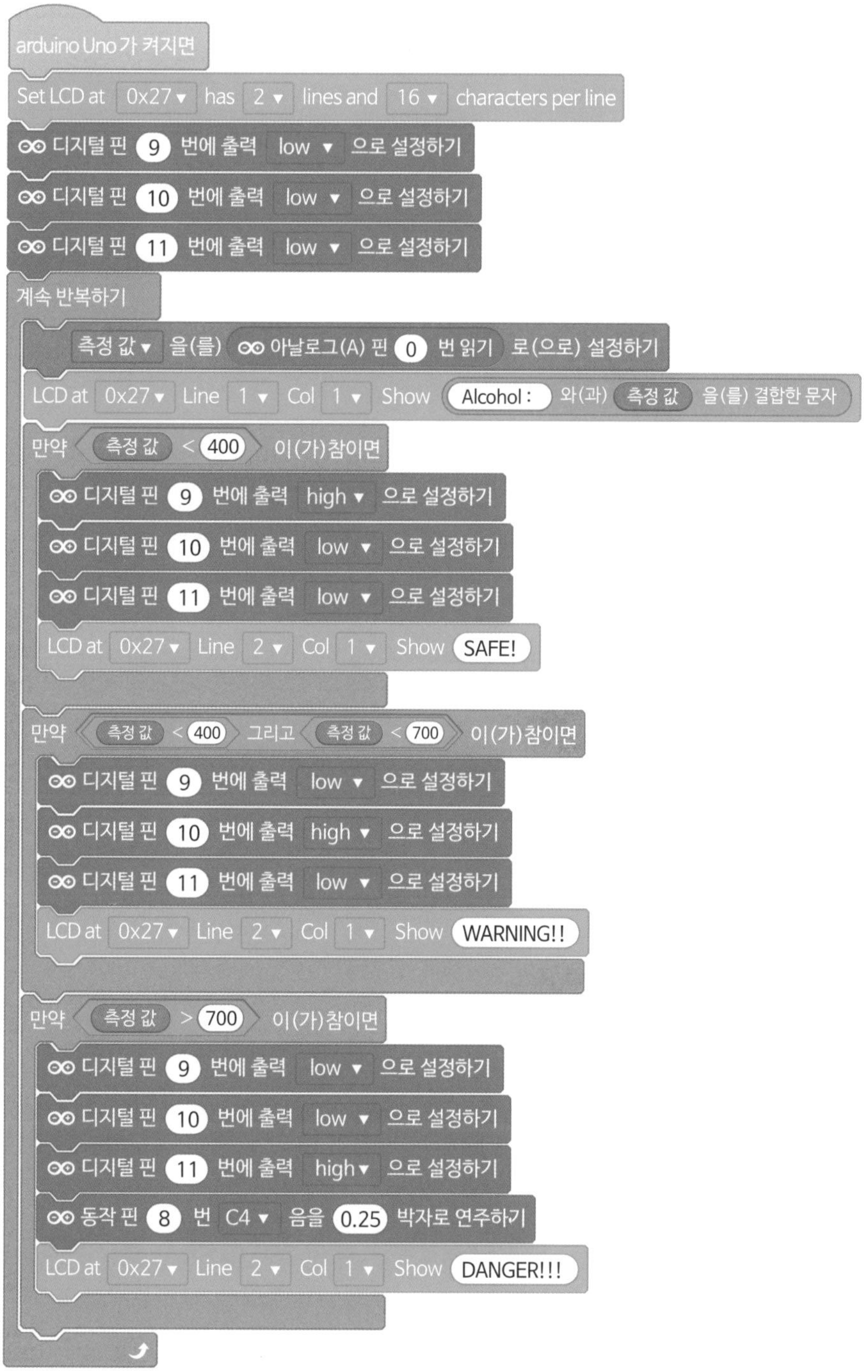
arduino Uno 가 켜지면
Set LCD at 0x27 has 2 lines and 16 characters per line
디지털 핀 9 번에 출력 low 으로 설정하기
디지털 핀 10 번에 출력 low 으로 설정하기
디지털 핀 11 번에 출력 low 으로 설정하기
계속 반복하기
측정 값 을(를) 아날로그(A) 핀 0 번 읽기 로(으로) 설정하기
LCD at 0x27 Line 1 Col 1 Show Alcohol : 와(과) 측정 값 을(를) 결합한 문자
만약 측정 값 < 400 이(가)참이면
디지털 핀 9 번에 출력 high 으로 설정하기
디지털 핀 10 번에 출력 low 으로 설정하기
디지털 핀 11 번에 출력 low 으로 설정하기
LCD at 0x27 Line 2 Col 1 Show SAFE!
만약 측정 값 < 400 그리고 측정 값 < 700 이(가)참이면
디지털 핀 9 번에 출력 low 으로 설정하기
디지털 핀 10 번에 출력 high 으로 설정하기
디지털 핀 11 번에 출력 low 으로 설정하기
LCD at 0x27 Line 2 Col 1 Show WARNING!!
만약 측정 값 > 700 이(가)참이면
디지털 핀 9 번에 출력 low 으로 설정하기
디지털 핀 10 번에 출력 low 으로 설정하기
디지털 핀 11 번에 출력 high 으로 설정하기
동작 핀 8 번 C4 음을 0.25 박자로 연주하기
LCD at 0x27 Line 2 Col 1 Show DANGER!!!

블록이 완성되면 모드 스위치에서 업로드를 선택하고 〔이벤트〕에서 〔arduino Uno가 켜지면〕 블록을 가져와 〔깃발을 클릭 했을 때〕블록과 바꿉니다.

그리고 업로드를 선택하여 아두이노 보드에 블록을 저장합니다.

실제 완성된 사진은 배선도와 다를 수 있습니다.

ON
ON
ON
ON
3D

# Think outside the box

## Chapter 06
## 스마트팜 만들기

1. 스마트팜이란?
2. 토양습도센서 사용하기
3. 워터펌프 사용하기
4. 스마트 팜 만들기

## 01 스마트팜이란?

스마트팜이란, '비닐하우스 또는 축사에 ICT(Information & Communication Technology)를 접목하여 원격이나 자동으로 작물과 가축의 생육환경을 적정하게 유지 · 관리할 수 있는 농장'을 뜻합니다.

예를 들어 온실의 온 · 습도를 측정하여 창문을 여닫는다든지, 자동으로 식물들에 물을 준다든지 또는 축사에 있는 동물들에게 정해진 시간에 사료와 물을 공급하는 등등 다양하게 있습니다.

스마트팜을 활용하는 이유는 작물이 필요한 데이터를 가지고 최적의 생육환경을 조성할 수 있기 때문입니다. 그렇게 된다면 평소에 쓰이던 노동력은 덜 쓰이게 되고 농산물의 생산성과 품질을 더욱 향상됩니다.

이번 만들기에서는 토양의 습도를 측정하고 습도가 일정 수준 이하로 떨어지면 물을 자동으로 주는 '나만의 스마트팜'을 만들어보도록 하겠습니다.

## 02 토양습도센서 사용하기

'토양습도센서'는 상황에 따라 변하는 저항 값을 읽어 계산하는 방식으로 구현할 수 있습니다. 물은 전기가 잘 통하는 전도체이기 때문에 흙에 수분이 많이 포함되어 있으면 저항 값이 낮아지고 반대로 흙에 수분이 적게 포함되어 있으면 저항 값이 높아지게 되는 것을 이용합니다.

사용법은 오른쪽에 있는 전극 부분은 흙에 꽂아서 값을 측정하는 부분이고, 왼쪽에 있는 모듈 부분은 읽은 값을 아두이노 보드에 보내줍니다. 왼쪽에 있는 모듈 부분에는 핀 4개와 민감도 조절 부분이 있습니다.

모듈의 오른쪽에 있는 4개의 핀이 있습니다. VCC는 아두이노 보드의 5V와 연결하고, GND는 우노보드의 GND와 연결하여 사용합니다. 나머지 2개는 DO와 AO인데, DO는 'Digital Output'의 약자로, 디지털 값을 출력할 수 있는 핀입니다. 값은 1 또는 0 이 나옵니다.

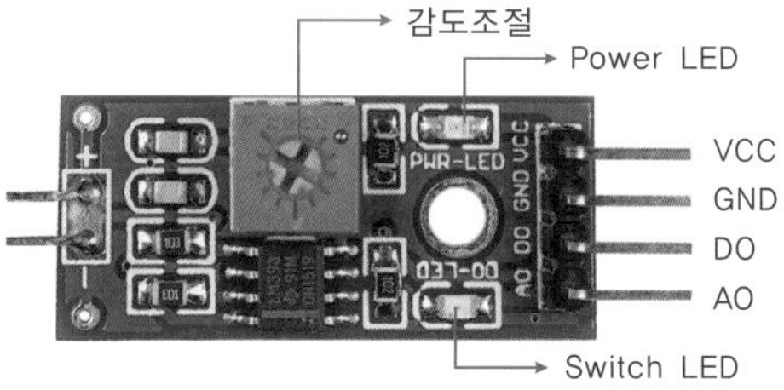


1과 0을 구별을 조절하는 부분이 파란색에 '+' 모양 있는 부분입니다. 이 부분을 십자드라이버로 회전시켜서 민감도를 조절할 수 있습니다.

AO는 'Analog Output'의 약자입니다. 0~1023 사이의 값으로 출력을 할 수 있습니다. 아두이노 보드에서는 토양습도 센서가 보낸 값을 받아 LCD에 표시할 수 있습니다.

왼쪽에 있는 2개의 핀은 토양습도 센서의 전극부와 연결하는 핀입니다.

## ■ 회로도 구성하기

모듈과 전극부를 연결합니다.

모듈의 AO, GND, VCC는 브레드보드를 사용하여 AO는 아두이노의 아날로그 0핀(A0), GND는 GND 핀 , VCC는 5V 핀에 연결합니다.

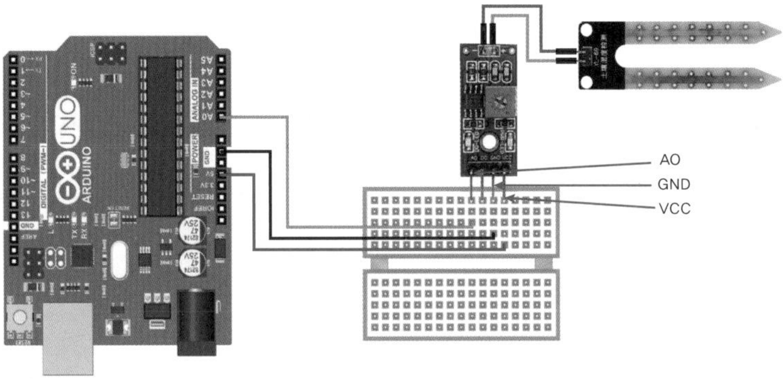


## ■ 블록 만들기

흙의 습도의 양에 따라 무대에서 숫자로 표시 되도록 〔변수〕 블록에서 토양습도로 변수를 만듭니다. 이 변수는 센서가 읽은 값을 무대에서 변수로 보여줍니다.

〔제어〕 블록의 〔계속반복하기〕와 〔핀〕 블록의 〔아날로그 ◯번 핀 읽기〕 블록을 가져와 결합 합니다. 블록이 완성되면 아두이노보드를 컴퓨터에 연결하고 펌웨어 업데이트를 합니다.

펌웨어 업데이트가 되면 종이컵에 물을 담고 테스트를 하겠습니다. [깃발을 클릭했을 때] 블록을 클릭합니다. 깃발을 클릭한 후 종이컵에 담긴 물에 전극부를 넣으면 값이 내려가고 전극부를 물에서 빼면 값이 올라갑니다.

물에 넣는 테스트를 했기 때문에 값이 물에 넣었을 때와 물에서 뺐을 때 2가지 경우밖에 나오지 않지만 마른 흙에 전극부를 꽂아두고 조금씩 물을 주다 보면 다양한 값이 나오는 것을 확인할 수 있습니다.

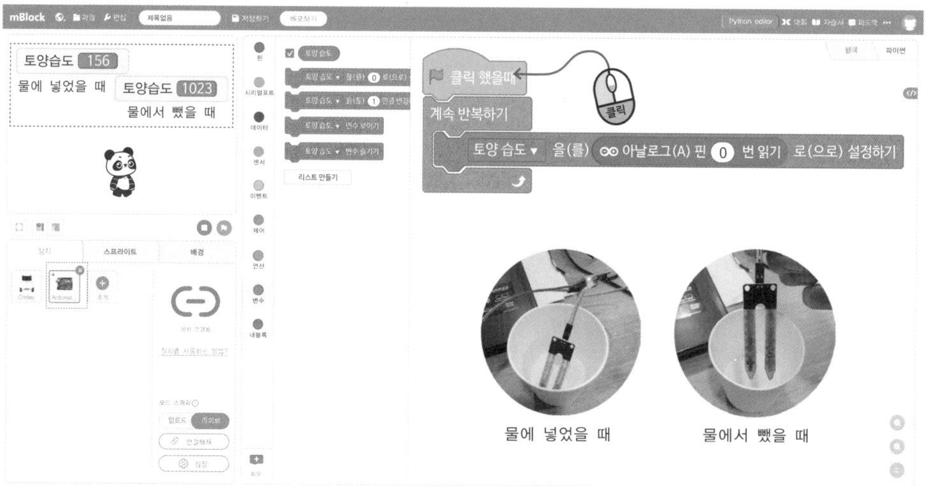

# 03 워터펌프 사용하기

## ■ 워터펌프와 모터드라이버

워터펌프는 모터가 작동하면 안에 있는 임펠러가 고속으로 회전하게 되어 몸체에 압력이 생기고 이 압력으로 물을 밀어내는 원리입니다. 물탱크에서 다른 물탱크로 물을 옮기거나 침수 지역에서 물을 뺄 때 사용되는 펌프입니다.

아두이노 보드는 프로그램으로 전기신호를 제어하는 마이크로컨트롤러 보드입니다. 아두이노 보드에 프로그램을 넣어 전기신호를 제어함으로써 모터에 입력되는 전원의 크기를 제어할 수 있으며, 모터의 방향과 속도를 제어할 수 있습니다. 하지만, 대부분 모터는 아두이노와 같은 마이크로컨트롤러가 허용하는 전류보다 더 많은 전류가 필요해서 추가적인 회로가 필요합니다. 그 역할을 하는 것이 모터드라이버입니다.

위에 있는 그림은 'L9110S 모터드라이버'입니다. 2.5V ~ 12V에 해당하는 DC모터를 2개까지 제어할 수 있으며 각 모터에 800mA의 전류를 허용합니다. 그러므로 큰 크기의 모터보다는 소형의 모터를 제어하기에 적합합니다.

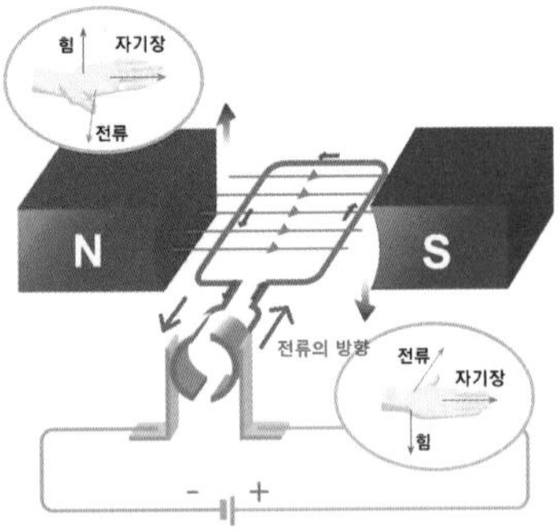


DC 모터는 입력 전원이 정해져 있기 때문에 한쪽으로만 회전합니다. 모터를 반대 방향으로 회전시키려면 물리적으로 모터의 입력 전원을 반대로 보내주어야 합니다. 이렇게 모터 회전의 순방향과 역방향을 제어하는 것을 '정역제어' 라고 하고 이 역할을 모터드라이버가 해줍니다.

## ■ 모터드라이버 연결하기

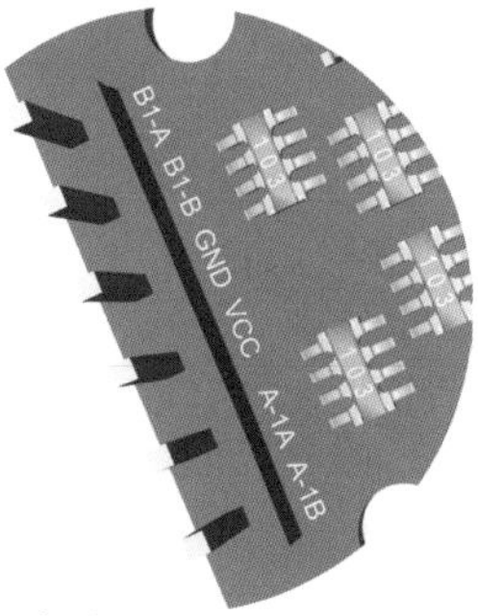


모터드라이버에는 6개의 핀이 있는데 모터를 꽂는 핀(초록색 부분)을 위쪽으로 하고 왼쪽에서부터 B-1A, B-1B/ GND, VCC/ A-1A, A-1B 가 순서대로 있습니다. 그리고 모터를 꽂는 핀 밑 부분에는 MOTOR A와 MOTOR B 가 있어 2개의 모터를 사용할 수 있습니다.

모터드라이버 핀에 쓰여 있는 B-1A, B-1B는 MOTOR B와 연결되어있고 A-1A, A-1B는 MOTOR A와 연결되어 있습니다. 스마트팜 만들기에서는 워터펌프 1개만 사용하기 때문에 MOTOR A 또는 MOTOR B 중에 한 곳을 사용하시면 됩니다. 책에서는 MOTOR A를 사용합니다. 모터드라이버에 연결하는 방법은 모터드라이버 윗면에 있는 나사를 십자드라이버로 시계 반대 방향으로 돌리고 모터의 전선을 꽂으면 됩니다. 그 후에는 다시 나사를 시계방향으로 돌려서 빠지지 않게 조여주면 됩니다.

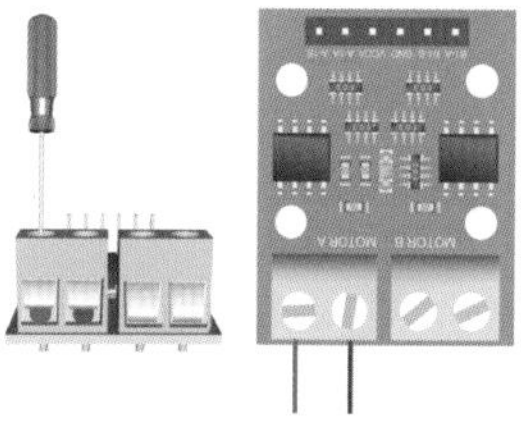

모터드라이버와 우노보드 연결은 GND는 GND, VCC는 5V에 연결하고 A-1A는 PWM 5번 핀, A-1B는 PWM 6번 핀에 연결합니다.

모터드라이버와 워터펌프를 연결합니다.

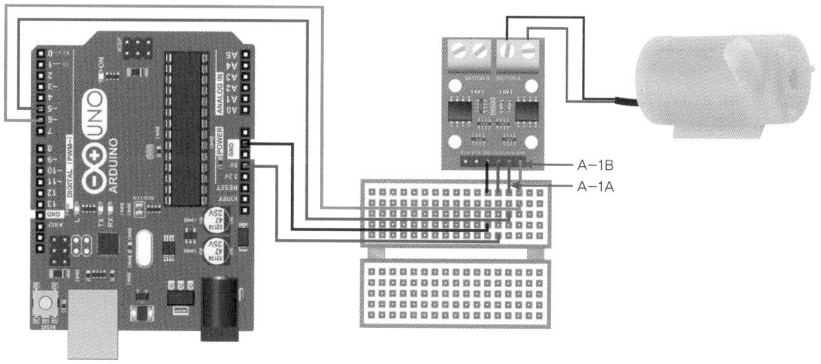

워터펌프의 회전방향은 워터펌프를 작동시켜보고 바꿀수 있으므로 위치에 상관없이 연결합니다. 워터펌프에는 물을 빨아들이는 곳과 물이 나오는 곳이 있습니다. 화분 위치와 물통의 거리에 맞춰서 호스를 잘라 연결합니다.

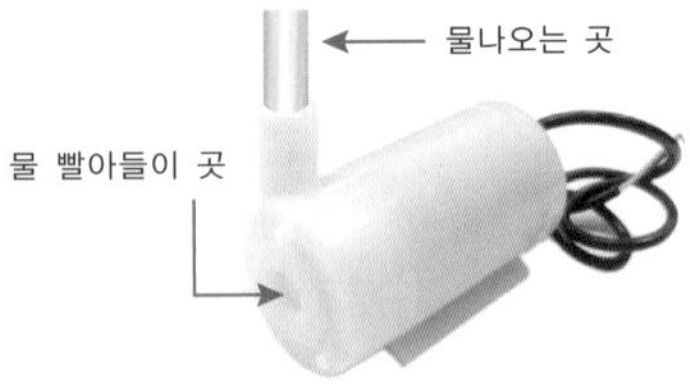


## ■ 블록 만들기

워터펌프는 회전방향에 상관없이 작동합니다. a키를 눌렀을 때 5번 핀이, s키를 눌렀을 때 6번 핀이 작동하게 만듭니다.

이벤트 블록에서 〔스페이스 키를 눌렀을 때〕를 가져와 a키와 s키로 변경하고 핀 블록에서 〔pwm핀 ~에 출력~로 설정〕블록을 가져와 조립합니다.

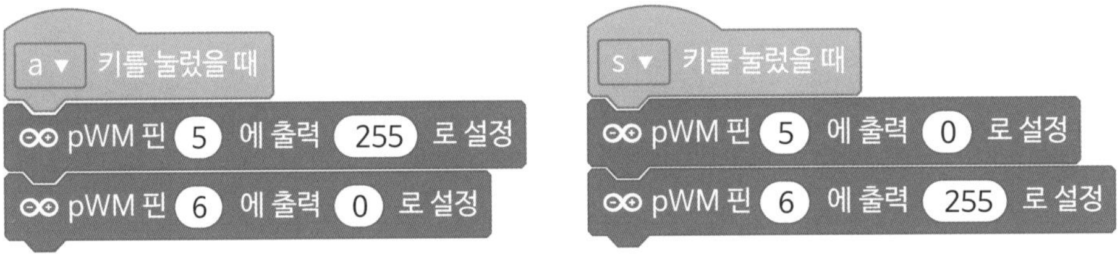


블록이 완성되면 아두이노보드를 컴퓨터에 연결하고와 연결하고 펌웨어 업데이트를 합니다.

a키 또는 s키를 누르면 워터펌프가 회전하면서 물을 빨아들이고, 한쪽에서는 물이 나옵니다. 5번, 6번 핀을 모두 0으로 하거나 255로 하면 워터펌프는 작동하지 않습니다.

# 04 스마트팜 만들기

스마트 팜을 만들어보도록 하겠습니다. 준비물은 아래 그림과 같습니다.

우노보드

I2C LCD

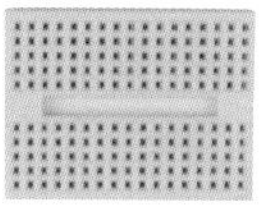
미니 브레드보드

물통

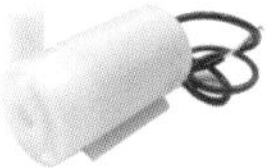
워터펌프

배터리 팩

건전지

토양수분센서

화분

실리콘 튜브

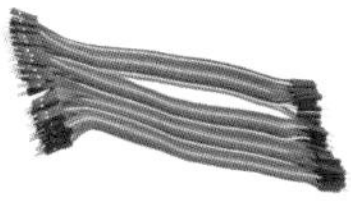
점퍼케이블

모터드라이버

## 준비물

우노보드 1개, I2C LCD 1개, 미니 브레드보드 1개, 물통 1개, 5V 워터펌프 1개, 점퍼케이블, 배터리 팩 1개, AA 건전지 4개, 토양수분센서 1개, 화분 1개, 실리콘 튜브, L9110S 모터드라이버 1개

## ■ 회로도 구성하기

1. 토양모듈센서의 모듈과 전극부를 연결합니다.

2. 토양모듈센서의 모듈부의 AO, GND, VCC는 브레드보드를 사용하여 AO는 아두이노의 아날로그 0핀(A0), VCC는 (+)핀, GND는 GND는 (-)핀에 연결합니다.

3. I2C LCD 뒷면에 있는 4개의 핀을 암-수 케이블로 연결하고 LCD의 VCC는 (+)핀, GND는 (-)핀, SDA는 A4핀, SCL은 A5핀에 연결합니다.

4. 모터드라이버 A-1A는 우노보드의 디지털 5핀, A-1B는 디지털 6핀, VCC는 (+)핀, GND는 GND는 (-)핀에 연결하고 모터드라이버와 워터펌프를 연결합니다.

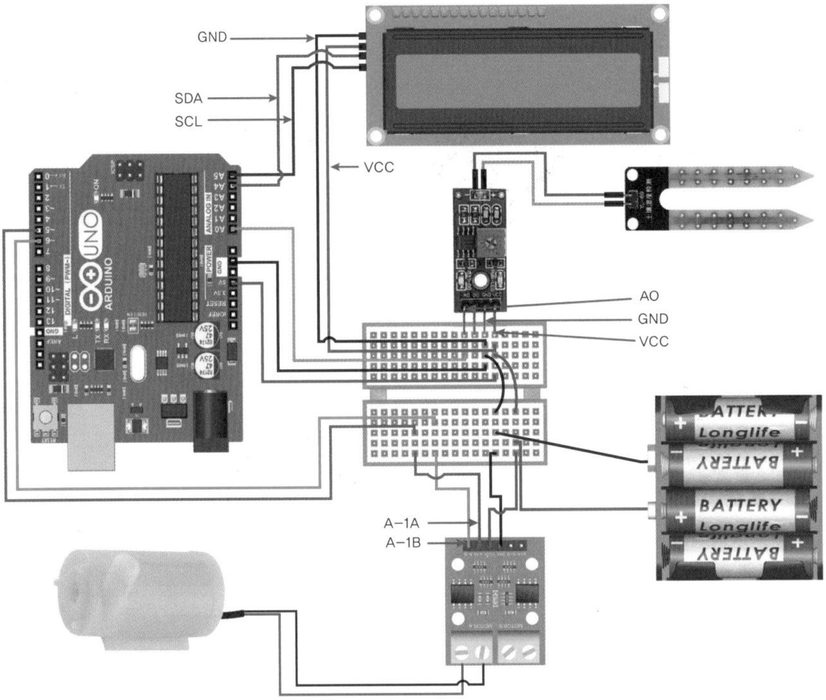

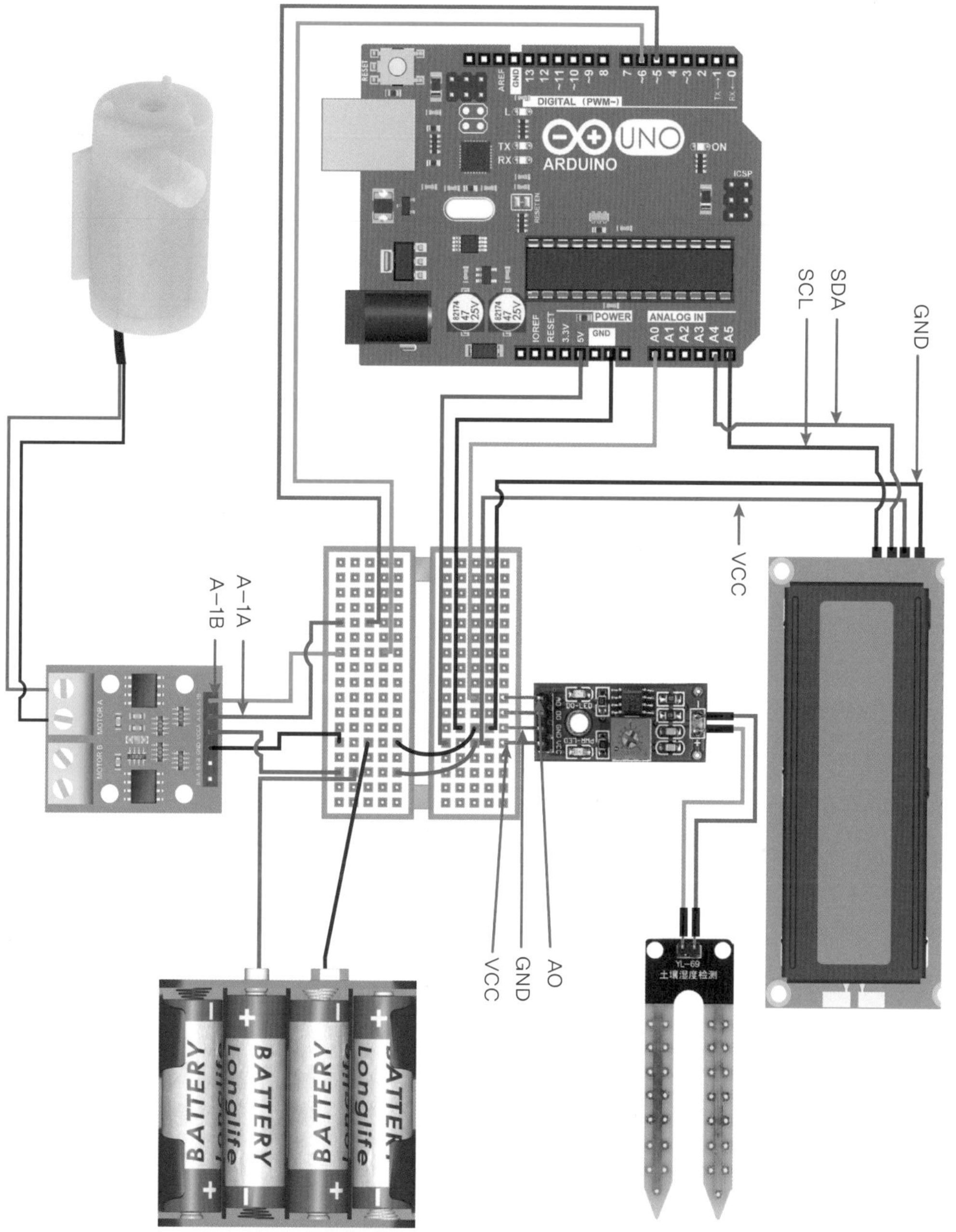
SDA
SCL
GND
VCC
A-1A
A-1B
AO
GND
VCC
ARDUINO
UNO
BATTERY
Longlife

## ■ 블록 만들기

〔내 블록〕에서 〔블록 만들기〕로 각각의 부품들의 작동을 만들고 합쳐서 최종 블록을 완성하겠습니다.

초기화 블록입니다.

〔내 블록〕에서 〔초기화〕라는 블록을 만들고 워터펌프와 토양습도 센서값을 모두 0으로 만듭니다. LCD의 타입을 0x3f나 0X27(사용할 LCD의 번호)으로 설정하고 backlight를 ON 으로 합니다. Clear LCD를 하여 LCD에 남아있던 데이터를 지우고 첫 번째 줄에는 Smart Farm ver.1을 출력하고, 두 번째 줄에는 by ITPLE가 5초 동안 나타나게 합니다.

워터펌프 작동블록입니다.

〔내 블록〕에서 〔워터펌프 작동〕으로 블록을 만들고 PWM 5번 핀을 255로 하여 2초 동안 워터펌프를 작동시킵니다. 그리고 PWM 5번, 6번 핀을 0으로 하고 0.1초 기다리기 블록을 넣어 모터를 정지시킵니다. 워터펌프는 5번, 6번 핀(정방향이나 역방향) 하나에만 전류를 흐르게 하면 작동합니다.

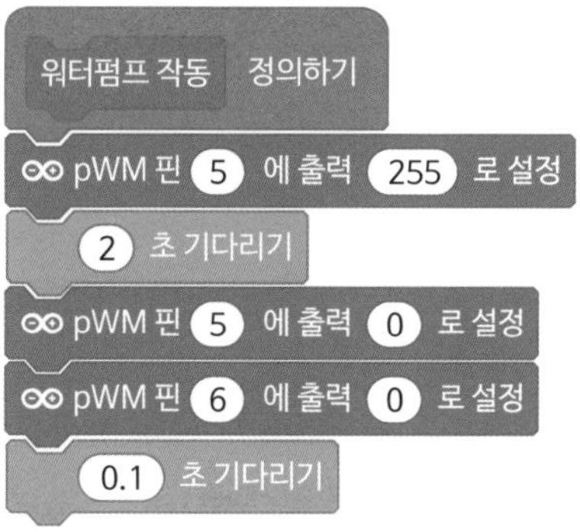


토양습도센서읽기 블록입니다.

〔내 블록〕에서 〔토양습도센서읽기〕로 블록을 만들고 〔변수〕에서 〔토양습도 값〕으로 변수를 만듭니다. 토양습도 값의 범위는 0~100사이로 설정하였습니다. 값의 범위를 맞추기 위해 0~1023까지의 값이 나오는 아날로그 값을 mapping 블록을 사용하여 범위를 새롭게 만들어주도록 하겠습니다.(한글로 번역하여 '지도'라고 나와 있습니다.)

블록을 조립하여 스마트 팜 블록을 완성합니다. 블록을 완성하여 업로드하고 아두이노가 켜지면 센서값을 초기화시킵니다. 토양습도 값을 나타내고 1초 간격으로 반복해서 토양습도 센서값을 읽어 토양습도 값이 20보다 작으면 LCD에 Water Pump Start라는 문구가 2초 동안 나타나고 워터펌프가 작동합니다. 값이 40보다 작으면 Soil is Dry, 70보다 작으면 Soil is Normal, 69보다 크면 Soil is Wet이라는 문구가 출력되게 만듭니다.

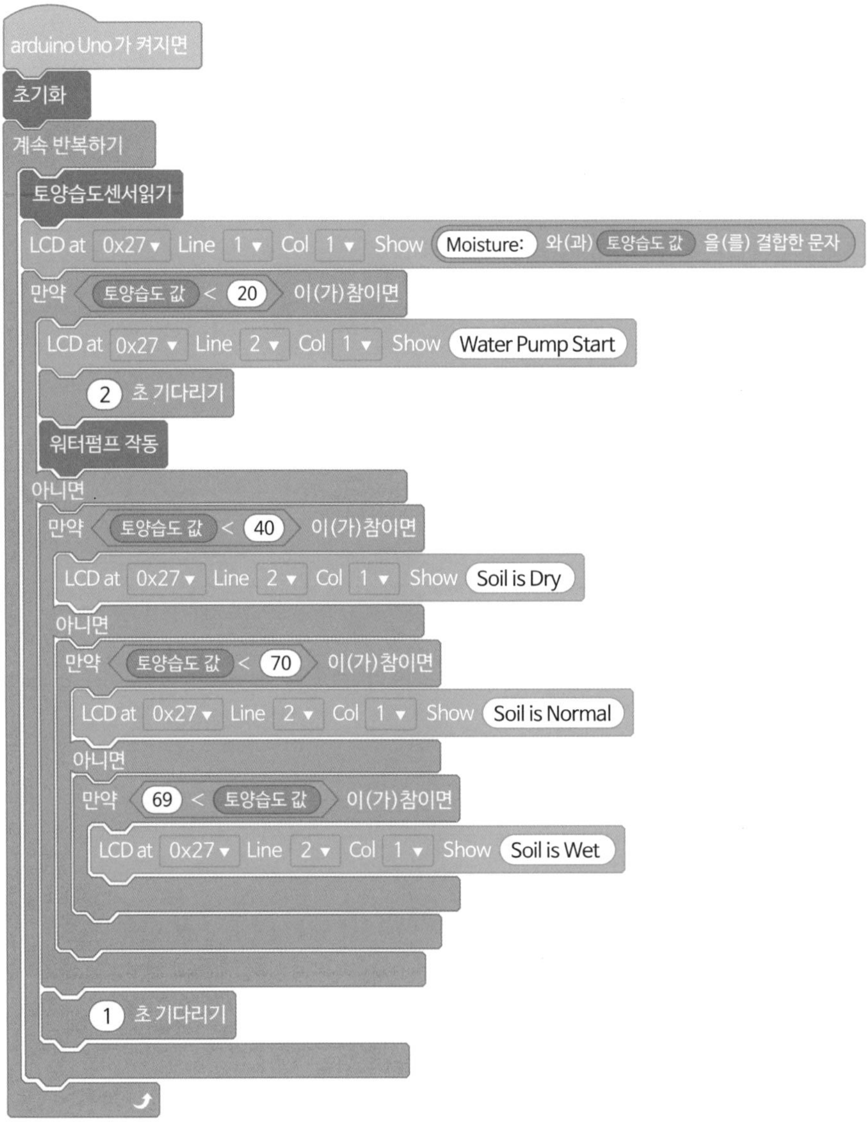

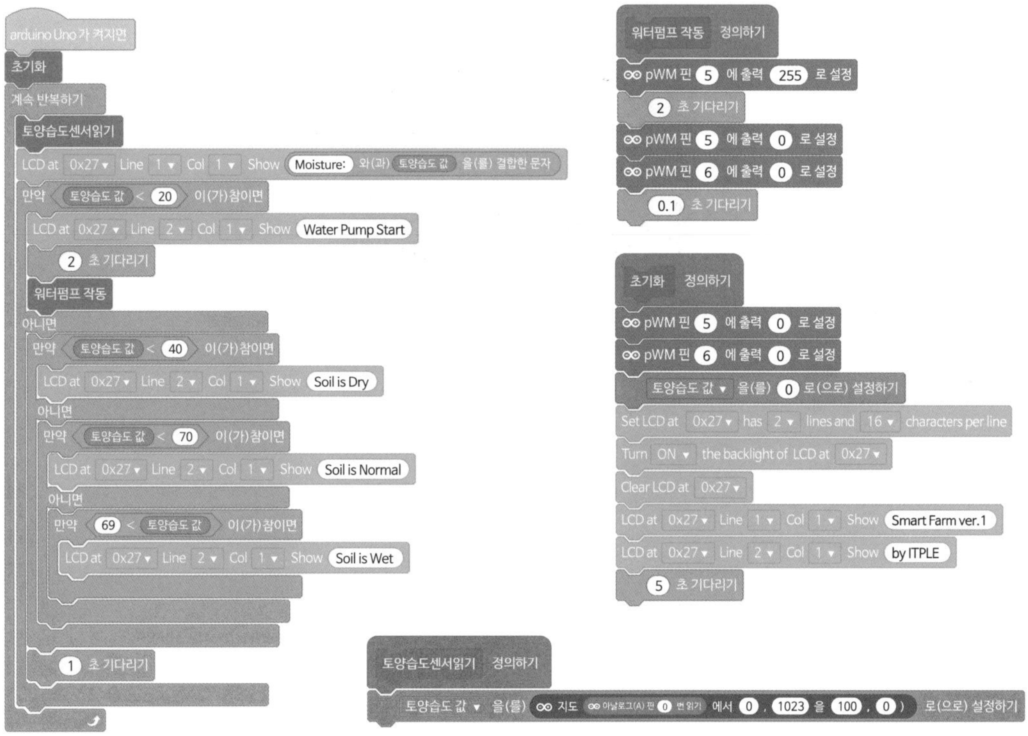


스마트팜이 블록이 완성되었습니다.

블록이 완성되면 모드 스위치에서 업로드를 선택하고 〔이벤트〕에서 〔arduino Uno가 켜지면〕 블록을 가져와 〔깃발을 클릭 했을 때〕블록과 바꿉니다. 그리고 업로드를 선택하여 아두이노 보드에 블록을 저장합니다.

워터펌프는 물통안에 넣어 사용합니다.